JN041910

p4c

philosophy
for
children

の授業デザイン

共に考える探究と対話の時間のつくり方

豊田光世 著

明治図書

はじめに

　私たちは p4c に出会って変わりました。誰かの気持ちになってみる。どうして？という疑問をもつ。自分の考えを自分の言葉で伝えるということができるようになり，世界の見え方が変わりました。だから，もっとたくさんの人にp4c を知ってもらいたいです。

仙台市立八本松小学校６年生

　p4c（ピー・フォー・シー）という教育があります。対話を通して哲学的に問い深めていく「philosophy for children 子どもの哲学」という取り組みです。英語の名称の頭文字をとって，p4c と呼んでいます（4 は for を遊び心豊かに読み替えたものです）。

　p4c という教育の手法は極めてシンプルです。円座になり，疑問を出し合い，その中から１つ選んでみんなで考える……基本のフレームは，とてもわかりやすいものです。p4c は，対話を通して共に考える学びの時間です。特別な教材やテクノロジーは必要ありません。シンプルな手法ゆえに，学級づくりや教科指導のさまざまな場面で生かすことができます。

　はじめて p4c の実践を見た人は，これまでにも教育現場で盛んに行われてきた「話し合い活動」のように捉えるかもしれません。特に目新しい教育ではないと判断する人も少なくないでしょう。

　しかしながら，この教育は，子どもたちのポテンシャルを，これまでのオーソドックスな学校教育とは異なる視点で捉え直し，新たな学びの可能性を模索する試みでもあります。例えば，p4c のユニークなアプローチとして，次の３つのポイントを挙げることができます。

　第一に，「教師が問いを出し，子どもたちが答える」というのが従来の授業の形式だとしたら，これまで教師が担っていた「問う」という役割を，子どもたちにも広げていこうとしています。なぜなら，考えるという行為は，問いを抱くことによって活性化されるからです。p4c では，子どもたちのワンダー，すなわち物事を不思議に思う気持ちこそが探究の原動力になると捉

えています。自分の疑問に目を向けることが，主体的な学びにつながると考えています。「問題に答えること」に終始する学習では，子どもたちの探究力を十分に引き出すことができないのではないかという問題認識のもと，「問う」という行為の価値を再認識して，学びの質的転換を図ろうとしています。

　第二に，p4cでは，多様性を最大限に生かした学びを追求しています。学校とは本来，多彩な個性・感性が集う場です。同じ授業を受けても，疑問に思うこと，興味を引かれることは，人によって異なります。人それぞれ視点が違うわけです。その違いを共有することで，物事の見方を広げ，理解を深めるきっかけを生み出すことができます。画一的な教育では，学ぶ過程に視点の多様性が生かされることはほとんどなく，また，学習の到達点も1つに収束しがちでした。関心も，深め方も，到達点も多様であることを許容しつつ，共に考える学びの場をつくることが，p4cの目標です。

　第三に，学ぶ場をつくる役割を，子どもたちに積極的に委ねていこうとしています。例えば，騒がしいとき，話しづらいとき，わかりづらいときなど，これまでは教師が中心となって学級や授業のマネジメントをしていましたが，p4cでは，子どもたちも共に対話の場づくりに参加します。対話の流れを子どもたちが決めるというだけでなく，対話にふさわしい場を自分たちで試行錯誤しながら育んでいく。そうした経験を通して，子どもたちは学びのオーナーシップを獲得していくことができるはずです。

　もちろん「多様性の尊重」や「主体性の追求」は，教育現場においてこれまでも必要だとされてきたことです。必ずしも新しい目標ではありません。ただし，十分に実現できているかというと，疑問が残ります。画一的な教育の問題点は，これまでに幾度も指摘されてきました。「個性を伸ばす教育を！」という声は頻繁に聞こえてきます。批判的思考力や協同問題解決能力を育むことの重要性は，OECDによる生徒の学習到達度調査（PISA）の普及により，国際的に議論されるようになりました（シュライヒャー 2019）。日本の学習指導要領のなかでも，教師から子どもへの一方通行的な教育を改

める試みが推奨されています。「主体的・対話的で深い学び」という目標はまさに，従来型の授業の問題点を踏まえて教育の質的転換を求めるものです。

　教育をもっとクリエイティブに変えていこうという流れは着実に大きくなっています。教育政策は変化していますし，オルタナティブ教育の事例も蓄積され始めています。ただし，抜本的な改革が教育現場で急速に進むというわけではありません。教育改革とは，古い船を捨てて新しい船に乗り換えるというよりも，航海を続けながら，船を修理し続けるようなものです。既存の教育システムを土台として，新しい考え方や手法をどのように生かしていくかということが，私たち教育者に課せられた挑戦です。

　そうした状況のなか，p4cは1つの大きな可能性を与えてくれます。そのように述べる理由は，次の2つの特徴によります。第一に，先ほども述べましたが，p4cの手法はとてもシンプルであるため，さまざまな場面で応用可能だからです。この教育を取り入れてみたいと思ったら，明日から実践することができます。第二に，子どもたちの多彩な個性・感性を学びの原動力に変える工夫がp4cの手法やツールにつまっていて，工夫を部分的に授業に生かすことができるからです。現行の教育の枠組みを抜本的に変えなくても，p4cの要素をカリキュラムに散りばめることで，子どもたちの個性を生かした主体的な探究を支援することができます。

　とはいえ，p4cは小手先の教育対策ではありません。やり方はシンプルですが，その土台にある考え方の理解を深めていくことが重要です。そこで，本書では，p4cという教育の根底にある思想を紐解くとともに，日本の教育現場で生かす具体的な方法を示すことを目指しました。

　p4cという教育の原型をつくり，初等中等教育の現場に普及させたのは，アメリカの哲学者，マシュー・リップマンです。彼は1970年代前半から，哲学対話をベースにした教育の開発に取り組みました。学校教育において「考える力の育成」が必ずしも重視されていないということ，「考える」ことそのものに焦点をあてた教育が発展途上だということを認識し，哲学対話による教授法を構築しました。リップマンの提案は，思考力育成への関心が高ま

っていたこともあって，世界のさまざまな国に伝わり，それぞれの地域の社会的・文化的背景の影響を受けながら，多様な形へと発展していきました（土屋 2019，高橋・本間 2018，豊田 2017など）。

　本書では，この教育の実践拠点の1つであるハワイで発展したp4cに焦点をあて，理論と手法を紹介します。私は，ハワイ大学の大学院生だった2004年に，トーマス・ジャクソン教授と出会い，p4cを学びました。はじめて対話を見たとき，子どもだけでなくあらゆる世代の人にとって大切な学びが宿っている，社会で生きる私たちに必要なことがつまっていると感じました。思考力の育成だけではなく，共に考えるコミュニティを育むうえで不可欠な他者へのケアや自尊心の深まりについても深い洞察を与えてくれるのが，ハワイスタイルのp4cです。

　私は，2006年に帰国後，p4cを日本の学校に紹介する活動を始めました。なぜ日本の子どもたちにも必要な学びだと考えるのか，現行のカリキュラムのなかで生かすことは可能なのかなど，教師との議論を積み重ねた結果，実践の輪は少しずつ広がり，現在は，宮城県，新潟県，兵庫県など，さまざまな地域の学校との協働が進んでいます。日本の教育現場で蓄積された声も，本書を通じて広く伝えたいと思っています。

　本書は，三部で構成されています。第一部では，p4cがどのような方針にもとづく教育なのか，基本的な考え方を示し，日本の教育現場で展開する際に参考となるフレームを提示しました。第二部では，p4cの理解を深めるために，「問い」と「コミュニティ」という観点からこの教育の特徴，欠かせないポイントを掘り下げました。第三部では，p4cが教育現場でどのように生かされているのか，ハワイと宮城県の事例を紹介しています。

　子どもたちの多彩なワンダーがひらき，思考が豊かに広がる探究を，本書によって支援することができたら，著者として大きな喜びです。

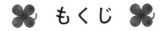

❀ もくじ ❀

はじめに

Part1 p4c とはどのような教育か

Part2　p4c の理解を深める

Part3　p4c に取り組む学校教育の現場

Part 1

p4c とは
どのような教育か

第1章
探究心を育む p4c の教育

1 探究の対話「p4c」への関心

　子どもたちの考える力を伸ばしたい，多様な見方にふれ自分自身がどう考えるかを掘り下げてほしい……こうした思いは，多くの教師が共通して抱いているものではないでしょうか。2020年度に施行となった学習指導要領では，「主体的・対話的で深い学び」という授業改善の目標が示されました。この目標は，子どもたちと日々向き合う教育者の切なる願いと共鳴するものだと言えます。主体的に学んでほしくないと思う教師，異なる見方・考え方を受けとめる力の重要性を否定する教師はおそらくいないでしょう。「深い学び」とは何を意味するのかという疑問があったとしても，少なくともその対極にあるであろう「浅い学び」を目指している教師もいないはずです。「主体的・対話的で深い学び」という目標は，したがって，学校教師が基本的に賛同できるものであるはずです。

　ただし，教育現場には当惑も生じています。「主体的・対話的で深い学び」という目標は，子どもたちが「どのように学ぶか」にあらためて目を向け授業の質を高めていくことを求めるものです。この「どのように」という点で多くの教師が悩みを抱えています。「どのようにしたら子どもたちが学習の課題に関心をもち自ら学んでいこうとするだろうか」「どのようにしたら対話を学びにつなげていくことができるだろうか」「学びの深さは，どのように達成されるものなのだろうか」。時間に追われる教育現場のなかで，「主体的・対話的で深い学び」という目標を咀嚼しようと，教師たちは模索を続け

ています。このような状況のなか，対話を通して探究力を高める「p4c」という教育への関心が，日本の教育現場において急速に高まっています。

　p4cとは一体どのような教育なのでしょうか。ひとことで言えば，p4cは「考える力を育むこと」に焦点をあてて開発されてきた教育です。特に，他者と共に考えることの必要性と可能性を重視し，「対話」というコミュニケーションを学びの手法として取り入れています。p4cでは，子どもと教師が輪になって座り，疑問を出し合いながら，共に考えを掘り下げていきます。対話を通して，異なる見方や考え方にふれることで，新たな発見をしたり，さらなる疑問を抱いたり，当たり前だと思っていたことが揺さぶられたりすることを経験します。その過程で，自分の考えに気づき表現する力，論理的に考える力，固定観念を揺さぶり問い深める力，さらには他者と共に考える場を構築する力などを高めていくことを目指します。

　p4cという教育の原型を考案したのは，マシュー・リップマン（Matthew Lipman）というアメリカの哲学者です。彼は，1970年頃から「考える力の育成」に焦点をあてたカリキュラムづくりを進めてきました。その頃のアメリカでは，「クリティカル・シンキング教育」への関心が急速に高まっており，考える力に焦点をあてた教育を展開するための試みが活発化していました。こうした流れのなかで，リップマンは，「哲学」を生かした具体的なペダゴジーを提案し，理論と実践の両面から大きな貢献を果たしました。

　p4cは，philosophy for childrenの頭文字をとったもので，「子どもの哲学」などと訳されます。forを数字の4（フォー，four）と読み替えるのは，遊び心の表れです。p4cは，「哲学」といっても，哲学者が論じてきたさまざまな理論を学ぶことを推奨する教育ではありません。p4cのねらいは，「哲学的に考えること」を根づかせていくことです。「哲学的」という言葉が何を意味するのかは，人によって解釈が異なりますが，例えば次のような思考を重視しています。前提や固定観念を疑い，言葉の意味を問いながら，自分が世界を捉える枠そのものを揺さぶって考えることです。リップマンは，物事をさまざまな観点から熟考し，新たな意味や理解を求めていく「探究

（inquiry）」を学校教育に積極的に取り入れようと提案したのです（リップマン 2014）。

　この提案は，必ずしも容易に受け入れられたわけではありません。哲学には「難解な学問」というイメージが強くあるため，哲学を初等・中等教育に生かすということは，「子ども」という存在に向けられた固定観念を揺さぶる斬新な挑戦でした。この試みは，「子どもに哲学ができるのか」という批判に常にさらされました。それだけでなく，子どもたちが哲学をするということは，彼らの成長にとって望ましいことではないという見方さえあったようです（UNESCO 2007, 6）。答えることが難しい問いと対峙することで，無垢な子ども時代を台無しにするのはよくないという理由からです。

　しかしながら，多くの子どもたちは，現実社会のなかで，さまざまな困難や疑問と直面しながら生きています。家庭，学校，社会，世界，そして自己と対峙しながら，答えを出すことのできない問いを抱えています。どのようなテーマであれ，考えたいと思う問いについて深く考えていくということは，子どもたちにとって重要，かつ必要な経験であるはずです。また，クリティカル・シンキング教育への注目の高まりが示唆するように，学習内容を教師が提示し，子どもがそれらを吸収するだけでは，学校における学びは十分ではないという問題意識が広く共有され始めていました。そうした中で，リップマンが提案した p4c という教育は，さまざまな国の教育者や研究者の共感を集め，各国の教育的関心とも融合しながら，多様な形に発展していきました。

　p4c にはいくつものバリエーションがありますが，本書で紹介するのは，アメリカのハワイ州で発展したものです。ハワイはアメリカのなかでも際立った文化的多様性を有する地域です。そのため，多彩な世界観・価値観が共生する社会をつくることが重要な地域課題となっています。そこで，多文化共生の実現を道しるべに，ハワイらしい p4c のあり方が模索されてきました。

　ハワイで p4c が発展するきっかけをつくったのは，ハワイ大学のトーマ

ス・ジャクソン（Thomas E. Jackson）です。彼は，リップマンのもとでこの教育の理念と手法を学んだ後，1984年からハワイの学校で p4c 教育の実践を始めました。実践を積み重ねる過程で，ジャクソンが認識したことは，教育現場が極めて多忙な状況にあり，新たなプログラムに挑戦する余力がほとんどないということでした。また，せっかく実践を始めた人のなかには，対話のなかでうまく考えを掘り下げることができないと自信を失い，継続を諦める教師もいました。そこで，誰でも無理なく取り組むことのできる p4c のスタイルを，教師との意見交換を重ねながら，構築していきました。

　ハワイスタイルの p4c は，ハワイという土地の風土や文化，そして社会課題を反映しながら発展してきました。ハワイアンの伝統，近代的なアメリカ文化や政治システム，さらには移民・開拓者がもたらした多彩な民族性などが混ざり合い，ハワイにはユニークな地域性が形成されています。ハワイの p4c の特徴には，こうした背景から強い影響を受けて形成されてきたものもあります。ただし，ハワイの p4c を，この土地の特殊性からのみ理解するのは不毛です。私たちは今，多文化共生の価値が常に問われるグローバルな社会のなかで，そして，人びとの多彩な個性が生かされるべき民主的社会の中で生きています。このことを踏まえると，ハワイの p4c には，この土地の特殊性に縛られない，さまざまな国や地域で生かすことのできるヒントが多く含まれています。

　私が日本の教育現場にハワイの p4c を紹介したのは2006年のことです。はじめは道徳教育の新しいアプローチとして紹介しました。当初は，子どもたちが中心の対話では，道徳的価値を教えることは難しいという声が少なくありませんでした。実践者の輪は10名に満たない小さなものでした。その後，2013年に宮城県の小・中学校に紹介したことをきっかけに，p4c に取り組む学校が急速に増えていくことになります。背景には，東日本大震災を経験したことで，「生きる力」とは何かを教師があらためて問い始めていたという状況がありました。対話がもたらす他者理解や心のケアへの関心も，p4c に取り組む動機となりました。

新たな学習指導要領で示された「主体的・対話的で深い学び」という目標は，p4c の実践の輪をさらに広げることにつながっています。宮城県内の教育現場で蓄積してきた p4c の取り組み，学級づくりやさまざまな教科での応用が，国内他地域の参考事例として生かされつつあります。ハワイの p4c をモデルとして，日本の教育現場に合う p4c の生かし方が探究されています。

2 p4c の礎となる３つの考え方

p4c の基本的なメソッドとツールについては，第２章で詳しく紹介しますが，ここでは，この教育の基盤を形成する３つの大切な考え方について説明します。これらの考え方は，p4c という教育に取り組むうえで「欠かせないポイント」です。p4c の具体的なメソッドやツールは，この３つの考え方をもとに検討・提案されてきました。実践のさまざまな工夫を探る際に，教師が立ち戻るべきポリシーを示しています。

①探究の源泉である「問い」を大切にする

p4c は，「考える」という行為そのものに焦点をあて，学びのプロセスを捉え直す教育です。考えることは，不思議に思うこと，疑問をもつことから始まる……このことに着目して p4c の教育は設計されています。

問いを抱き考えることは，これまでの学校教育のなかで，必ずしも重視されてきたとは言えません。多くの場合，授業の中で子どもに求めてきたことは，「問う」ことではなく「答える」ことです。課題を出すのは教師であり，子どもの役割は，出された問いの答えを考えることです。子どもたちは何が正解かを探りながら，教師が想定している到達点にたどりつくために考えます。あくまでも教師が設定した枠の中で思考をめぐらせています。

もちろん，子どもたちは，授業内容に対する質問を求められることはあり

ます。その目的は，わからないところを教師に尋ね，正しい理解を得ることです。そのような意味での「質問」と，p4c が重視する探究の「問い」は，性質が異なります。

　p4c が大切にしているのは「ワンダー」です。ワンダーとは，不思議に思う気持ちや想像を超えることへの驚きを意味し，日々の経験や学びから生まれるものです。ワンダーの後に続くのは，「知りたい，理解したい」という欲求です。「なぜ？　どうして？」「もし……だとしたら，どうなる？」など，心に浮かんだ疑問が引きがねとなって，知的好奇心が刺激されていきます。

　p4c では，子ども自身が，自分のワンダーに目を向けることから探究を始めます。不思議に思うこと，考えたいことを「問い」の形で表現します。同じことを学んだとしても，疑問に思うことは一人ひとり異なります。さまざまな問いを共有したのちに，対話の問いを絞り込んでいきます。

　授業のテーマや教材を提示するのが教師であったとしても，そこから探究の問いを立て，対話へとつなげていくのは子どもたちです。問いをもつということが考え始めるきっかけであり，そのきっかけをそれぞれがつかんでいくことが重要なのです。

　このような p4c の方針に対して，難しさを感じる教師もいるでしょう。難しさは，2 つの段階で発生します。

　第一に，子どもが対話の問いを立て，選択していくことになると，授業の流れを教師が完全に制御することができません。授業内容に合致した落としどころに導かなければ，ねらいに到達できないという考えから，対話の問いを子どもが立てることに対して「それで授業が成り立つのか」という疑問が生じてきます。

　第二に，授業内容を深めるための「よい問い」を子どもたちが立てることは困難だと教師が判断することがあります。授業にふさわしい問いが子どもたちから出てくるとは限らないと考え，教師があらかじめ対話の問いを準備したり，適切だと思う形に子どもの問いを書き換えたりすることがあります。

　しかしながら，問いを設定する主導権を教師が握ることで，探究の学びの

価値は半減してしまいます。教師が設定する問いには正解（到達してほしい解）があることが多いため，子どもたちは「教師が考える正解を探る」という狭い枠のなかでしか考えられなくなってしまいます。正解を探りながら考える習慣から抜け出すことができなくなってしまいます。

　私たちに考えるきっかけを与えてくれるのは，ワンダーに深く根ざした問いです。p4c では，疑問に思う気持ちから考えるきっかけが生まれるということを大切にしています。それぞれが自分のワンダーを探り，それを言葉で表現し，他者と問いを共有することから，p4c の対話は始まります。たとえうまく問いが立てられなかったとしても，自分が抱いた疑問を言葉で表現すること，そして他者と問いを共有すること自体に，重要な学びが宿っています。子どもたちの問いに耳を傾けると，同じ教材から実に多彩な疑問が生まれることに驚かされます。他者と問いを共有し，視点の多様性を知ることも，思考を深めていくことにつながる非常に大きな学びです。

②探究のコミュニティを醸成する

　思考の深まりと，コミュニティの醸成を，探究の両輪として捉えていることも，p4c の重要な特徴です。対話というコミュニケーションは，人が集まりさえすれば成立するわけではありません。それぞれの心の中に疑問や意見があったとしても，誰も何も話さないという場合もあります。学級の人数によっては対話の輪が大きくなり，話すことへの抵抗感を感じる子どももいるでしょう。

　p4c の探究は，語り合い，共に考えるコミュニティができてこそ，深化していきます。一つひとつの声には，異なる経験やストーリー，個性が宿っています。それぞれの声が，ものごとを捉えるユニークな視点を生み出します。多様な視点が共有されるからこそ，多角的な吟味が可能となり，ひとりでは到達できなかった思考へと誘われていきます。もし，対話に参加している人たちが，話したいことがあるにもかかわらず，自分の声をふさいでしまったとしたら，対話の創造的なポテンシャルは狭まってしまいます。

では，どのようにしたら学級は探究のコミュニティとして成長していくことができるでしょうか。

　大切なことの1つは，対話の場の「セーフティ」を意識して高めていくことです。対話のなかで多彩な声が共有されるためには，それぞれが心に浮かんだことを表現できる場が必要となります。そのような場をつくる道しるべとして掲げられているのが，「知的安全性（intellectual safety）」です。少しかたい言葉なので「セーフティ」と呼んでいます。セーフティは，対話が成立するための基盤であると同時に，対話を通して達成しようとしている目標でもあります。セーフティの重要性を子どもたちと確認することから，p4cの対話は始まります。

　セーフティが何を意味するのかを理解するために，セーフティが保たれていない状況とはどのようなものかを考えてみましょう。例えば，「みんなからすごいと思われることを言いたい」「こんなことを言ったら，他の人にばかにされるかもしれない」「きっとみんな同じことを考えているから，言わなくてもいいや」などといった思いが頭をよぎり，発言をためらった経験が誰にでもあるのではないでしょうか。思い浮かんだ考えがあっても，とるにたりないものと自分で評価し，心の中に封じ込めてしまうのです。こうした状況は，セーフティが欠けているサインです。どのようにしたらセーフティが高くなるか，あるいは低くなるか，子どもたちと共に考えることが，コミュニティづくりの初期の段階で重要になります。

　もう1つ，探究のコミュニティの成長に欠かせないのが，自己評価の時間を組み込むことです。対話は生き物のようなものです。さまざまな条件が作用して，発言が活発化したり，思考が深まったり，逆にセーフティが低下してしまったりと，対話の質が変化します。その時々の対話をふりかえり，深い学びに向けて何ができるかを考える……その過程を通して，コミュニティの探究力が高まっていきます。

　対話の後に，その日の対話を評価し，改善点を考えるアセスメントの時間をつくります。例えば，子どもたちに次のような質問をします。「セーフテ

ィはどうでしたか」「みんなの参加はどうでしたか」「考えが深まったと思い
ますか」。これらの質問に対して低く評価した人がいた場合は，その理由を
聞き，みんなで改善点を探ります。どのようにしたら探究が実り多いものと
なるかを自分たちで考え，修正していくのです。この自己修正のプロセスが
定着するからこそ，探究のコミュニティは成長することができます。

③子ども主体の学びを追求する

　p4c のメソッドやツールは，子ども主体の学びをいかに実現するかという
関心にもとづいてデザインされています。最初に挙げたポイントである，子
どもの問いから対話を始めるということは，主体的な学びを支える重要な一
歩です。問いを選んだら，子ども同士のやりとりを促すために「コミュニテ
ィボール」という毛糸玉を使って対話をします。ボールを持つ人が次の話者
を決められるというルールのもと，子どもたちが互いにボールを投げ合いな
がら，対話を紡いでいきます。また，「深く考えるためのツール」「ファシリ
テーションのための魔法のことば」などの工夫，さらには，対話の終わりに
行う自己評価も，子どもが主体的に学びを深めていくために重要な役割を果
たします。

　子ども中心のアプローチの結果，教師と子どもの関係性は必然的に変化し
ます。指導するものとされるものという関係から，共に学びの場をつくるパ
ートナーへと変わっていきます。この変化を意識的に生み出すことは，p4c
を取り入れるうえで非常に重要なことです。ただし，必ずしも容易ではあり
ません。教師と子どもの間には，凝り固まった立場上のヒエラルキーが存在
しているからです。

　教師は常に指導者として，あるいは評価者として，子どもたちと接するこ
とを求められてきました。子どもに対する教師の言葉や接し方には，教師が
自覚している以上の力が宿ることがあります。このことに敏感であることが，
特に対話を始めた初期の段階では重要です。ある教師から，次のような悩み
を聞いたことがあります。

子どもたちが自由に意見を述べる場をつくってきたつもりなのですが，実は
できていなかったかもしれません。教師はどうしても自分自身の考えで子ども
たちの意見を評価してしまいます。子どもが期待する答えを言ってくれたとき，
その意見を特別に評価するような反応をしてしまいます。また，自分が期待す
る答えを言ってくれそうな子を意図的に指名することもあるのです。

　教師は，日々の授業を通して，子どもたちのイメージを形成しています。
「かしこい子」「よい発言をする子」「場違いなことを言う子」「話さない子」
などです。子どもたちの発言を，こうしたイメージをもとに評価している可
能性があると，先ほどの発言をした教師は話していました。自由な発言の場
を設けたとしても，教師は，事前に計画した授業の流れに沿って，自らが望
む答えに，子どもたちを導いていることが多いということです。子どもたち
は，教師の考えや思いを敏感に察しますから，自由に考えているようで，実
は教師が何を望んでいるかを考えているだけかもしれません。

　このような教師と子どもの関係性を踏まえ，p4cではその関係性を意識的
に変化させていくようにします。もちろん探究の場づくりにおいて，指導者
である教師が担う役割は多々あります。p4cのメソッドに子どもたちが慣れ
るまでは，教師のファシリテーションが重要です。クラスの状態が不安定で
あれば，セーフティを確保するための介入が不可欠です。ただし，子ども主
体の学びをサポートするという方向性をしっかりと意識し，子どもたちにさ
まざまな役割を委ねていくことが重要です。そうすることで，学びの機会は
確実に広がっていきます。

3　子どもたちはp4cをどのように捉えているか

　日本の学校教育の現場において，p4cの実践事例は，着実に蓄積され始め
ています。主体的・対話的で深い学びを評価することは容易ではありません
が，p4cを取り入れたことで，子どもたちの成長の手応えを実感し始めた教

師は増えつつあります。成長の兆しは，例えば，次のような子どもたちの自己評価から読み取ることができます。宮城県仙台市の小学校で，6年生のときに p4c を生かした道徳の授業を経験した子どもの声です。

　　　前回の p4c の問いは私が考えたもので，とても難しい問いでした。しかも，答えが出ているもので，深めようとしても深められない……そんな問いだと思いました。しかし，みんなは未来と結びつけて，新しい答えを出した……自分でもすごいと感じました。

　この子どもが考えた問いは，「自分がもし争いの絶えない国にいたらどうするか」でした。この問いを考えた時点では，「こうするしかない」という自分の考えがあり，それ以外の可能性は考えられなかったわけです。しかし，深めることは難しいように見えた問いが，他者との対話のなかで，少しずつほぐされ，吟味され，さまざまな答えの可能性を生み出していきました。対話の前には考えつかなかった新たな見方が獲得されていったのです。そのプロセスの醍醐味を，子ども自身が実感できているということが，こうした発言からわかります。同じクラスの別の子どもの声も見てみましょう。

　　　（p4c で）学んだことは，「友達の意見を聞くこと」です。友達の意見と自分の意見を比べることで，「ここは同じ，ここは違う，でもこうかもしれない」，そう思うことができるのが，p4c の面白いところだと思います。次に，今年たくさん p4c をやった中で，反省もたくさんありました。一番反省したいのは，友達の意見が違うと思ったときに「本当かな」と言えなかったことです。ぼくは，今年の p4c で，たくさんそう思ったことがありましたが，「他の人はどう思っているのかな」と思ってしまい言えませんでした。p4c は1人の1つの意見で，その後の対話が変わってしまいます。「本当かな」のひとことで，たくさん発言できるし，納得した終わり方ができると思いました。

　対話のなかでの「聞く」という行為の大切さ，そして聞いたことをもとに自分で考え，そのなかで見えてきたことを他者と共有することの大切さを，この子どもは認識しています。他の人の意見に対して「本当？」と問うことで考えが深まるということを，経験を通して理解していて，それを十分にで

きなかったことを反省しています。

「本当？」という疑問を投げかけるのは勇気がいることです。けれど，勇気をもって問いかければ，そこからたくさんの発見が生まれてくるかもしれません。自分の疑問が共に探究している仲間の気づきにもつながっていくのです。そのことを自然と理解していることを，この発言から読み取ることができます。

また，この子どもは，対話は自分たちが異なる視点を交わすことで切り開かれていくものであり，対話が実り多きものとなるかどうかは，自分たちの参加にかかっていることを理解しています。授業の内容についてだけではなく，学びの過程についても，自身の視点から捉え，評価しているわけです。新たな学習指導要領が提示されたことで，「深い学び」とは何かという議論が教育関係者の間で展開されていますが，このような子どもの声は，教師自身が「深い学び」について理解を深めていくきっかけにもなるのではないでしょうか。

では，もし p4c を自分の学級や学校に取り入れてみたいと思ったら，何から始めればよいのでしょうか。p4c は，次章で示す通り，極めてシンプルなプロセスにもとづいています。学校教育のさまざまな場面で，気軽に生かすことができるものです。そこで，「一度取り入れてみてはどうですか」と声をかけるのですが，教師からは，「考えを掘り下げる問いを子どもたちに投げかけられるか不安」「ファシリテーターとしての力量が問われる」など，自身のスキルに対する自信の欠如から，p4c に取り組むことを躊躇する声がよく聞かれます。

たしかに，従来の授業づくりでは，教師が中心的な役割を担っており，その延長線上で p4c の対話の意義を理解しようとすると，「子どもたちに深く考えさせるために教師はどのような発問をすべきか」ということに教師の注意が向けられることになります。しかし，p4c では，授業づくりに関するこうした発想自体を転換していこうとしています。従来型の授業づくりの基本的視座を揺さぶることによって，p4c という教育の潜在的な可能性が見えて

きます。

　p4c に取り組むうえでの教師の重要な役割は，自らが探究するその姿を子どもたちに見せること，すなわち探究者の手本となることです。それならば，やはり教師は掘り下げるスキルをもつ必要があるのではないかと考える人がいるかもしれません。もちろん，教師が問い深めているのを見て，子どもたちが学ぶことはあります。しかし，「子どもたちに考えさせる」ために教師が問うのではなく，自ら探究する過程で問うているのだということを忘れてはいけません。

　探究という営みは，クリティカルな視点でテーマを掘り下げること以上の意味をもちます。他者の声に真摯に耳を傾けること，共有された声をもとに考えること，考えや疑問を伝えること，自分の固定観念を疑い揺さぶること，とまどうこと，心が動くこと，新たな解を見いだすこと……など，さまざまな行為が重なり合って，探究が進んでいきます。探究者の手本となるということは，こうした行為の一つひとつを大切にし，対話に参加することです。特に，当たり前を疑い，自分の思考の枠を揺さぶることは容易ではありません。その難しさを子どもたちと共に楽しむことで，探究の価値が共有されていくのです。

　教師の役割は，泳ぐのが下手だとしても，探究の世界に自ら飛び込むことです。次章で紹介するメソッドやツールは，泳ぎ方を学ぶ手がかりです。ただし，泳ぎ方に正解はありません。子どもと共に探究を楽しみながら，自分らしい，あるいはそれぞれの学級らしい探究の形を探ってみてください。

第2章
基本メソッドとツール

1　p4c の基本プロセス

　基本プロセスは，とてもシンプルです。対話の主な流れは，次ページに示した5つの段階にまとめられます。シンプルなプロセスであるがゆえに，教科指導や学級づくりなど，学校教育のさまざまな場面で取り入れることができます。基本プロセスは，「バニラアイス（plain vanilla）」と呼ばれています。バニラアイスにいろいろなトッピングやフレーバーを追加するように，学習内容や教育のねらい，学級の状況に応じて，基本の流れに必要な工夫をプラスしていきます。

　流れそのものはシンプルですが，p4c には多くの工夫が枝葉のように存在しています。対話の場のセーフティを構築していくための工夫，思考を深めていくための工夫，子どもたちが主体的に対話を進めていくための工夫などが，考えられてきました。どのような工夫が可能かは，本章の各項目をご覧ください。

　まずは，基本プロセスに沿って，対話を始めてみてください。子どもたちの問いや考えがいかに多彩であるかを実感することができます。そして，創造的な思考や，自ら対話を進めていこうとする力に気づかされます。もちろん，対話を重ねるなかで見えてくる難しさもあります。例えば，発言が一部の子どもに偏ってしまう，セーフティが欠けている，対話がなかなか深まらないなど，新たな疑問や悩みが生じるかもしれません。そのときは，本章で紹介する工夫を取り入れてみてください。

①輪になって座る　▶27ページ

円形には「前」がないため，関係の平等性を象徴しています。

教師も生徒と一緒に座りましょう。

　円座が難しい場合は，できるだけ互いの顔が見える環境をつくります。

②対話の問いを決める　▶37〜40ページ

教材や資料をもとに，みんなで考えたい問いを出し合います。

紙やボードに問いを書き，見えるように並べましょう。

投票で対話の問いを選びます。

③ルールを確認して対話を始める

選ばれた問いについて各自が考える時間をとります。

　対話の前に問いと向き合い自分の考えを引き出します。ワークシートに考えを
　書いておくと対話前後の思考の変化をたどることができます。　▶58ページ

対話のルールを確認します。　▶28ページ

選ばれた問いを考えた人にコミュニティボールをまわし，なぜその問いを
考えたいと思ったのか理由を述べてもらった後，対話を始めます。

④対話を通して問いを探究する

コミュニティボールを用いて，子どもたちが対話の流れをつくります。

　考えがなかなか深まらない⁉ →深く考えるためのツール　▶41〜42ページ
　よりよい対話のために→ファシリテーションのための魔法のことば　▶45〜46
　ページ

⑤時間になったら対話をやめ，評価を行う　▶49〜50ページ

自己評価をして改善点を出し合います。

　ノートやワークシートに，対話で得た新たな視点，考えの変化，さらなる疑問
　などを書きとめます。

対話のフォーメーション

①基本のフォーメーション

　対話を行うときは，１つの輪になって座ります。お互いの顔を見ながら対話をするには，円形が最も適しています。イスを円形に並べても，床に座ってもかまいません。子どもたちがリラックスして，かつ集中できる環境をつくるようにします。イスと床のどちらがよいかは，クラスによって異なります。

②状況に応じてフォーメーションをアレンジ

Ｑ：うちのクラスの子どもは40名。１つの輪をつくるのは難しいです。

Ａ：輪が大きすぎるとボールを投げるのも大変ですし，話しづらいと感じる子どももいるかもしれません。隣同士がギュッと近寄って，コンパクトな二重の輪をつくるのも有効です。

Ｑ：理科の実験の合間に対話を組み込みたいと思っています。輪にならないとだめでしょうか。

Ａ：授業の流れで円座が難しい場合は，無理に輪になる必要はありません。ただし，例えば「お互いの表情を大切にする」「平等な関係を大切にする」など，円座の背景にある考え方には注意を向ける必要があります。

対話を始める前にルールを確認

　p4c のルールを確認して，対話を始めます。ルールは，参加者が守るべきことだけではなく，探究にチャレンジする際の心構えも含みます。

【p4c のルール】
①話したいときは手を挙げてボールをもらいます
②ボールを持っている人が次に話す人を決めることができます
③たくさん手が挙がっていたら，まだあまり話していない人に優先的に
　ボールをまわしましょう
④ボールがまわってきたときに話したくなければ「パス」できます
⑤対話のなかで疑問が浮かんだら，積極的に投げかけてみましょう
⑥当たり前を疑い，考えを掘り下げることに挑戦しましょう
⑦セーフティが大切。安心して話せる場をみんなでつくりましょう

　ここに挙げたのは，基本的なルールです。クラスの状況，コミュニティの発達段階，子どもたちの年齢によって，項目を増やしたり減らしたり，わかりやすい表現に書き換えたりすることができます。対話に参加するときに必要なマインドセットをルールとして可視化し，共有することが重要です。
　例えば，⑤と⑥は，対話が「意見の表明」で終わってしまう傾向が強い日本の学級の状況を踏まえて，新たに加えた項目です。相互的なコミュニケーションや思考の掘り下げが大切だということを最初に共有することで，こうした観点を意識して対話に取り組むようにします。

2 コミュニティボールのつくり方・使い方

　p4c の対話に欠かせないツールが「コミュニティボール」です。このボールは，教師のファシリテーションがなくとも，子どもたちの対話が進むように開発されました。年度のはじめ，新しい学級の始まりに，自己紹介をしながらみんなでボールをつくります。それから 1 年間，つくったボールを使って対話をします。

 コミュニティボールのつくり方

【用意するもの】
・毛糸（カラフルなもの）　2 〜 4 玉
・チューブ（ラップの芯，バトンなど）
・結束バンド（30cm くらいの長さ）
・はさみ（大きくてよく切れるもの）

①輪になって座り，自己紹介のお題を 1 つ選ぶ

　誰でも答えることができそうなお題がよいでしょう。例えば「好きな食べ物とその理由」「時間とお金があったら，行ってみたい場所とその理由」などです。子どもたちからお題を募集すると盛り上がります。

②まずは教師（ファシリテーター）が見本を見せる

　チューブに毛糸を巻きつけながら，名前を言い，①のお題に答えます。
　そのとき，巻きやすいように，右隣に座っている人にサポート役を頼みます。サポート役は，毛糸玉から少しずつ毛糸を引き出します。

③話し終わったら，次の人に順番をまわす

その右隣の人が次のサポート役になります。
順々に自己紹介をしていきます。

④全員の自己紹介が終わったら，チューブに結束バンドを通す

チューブだけを引き抜くと，みんなでつくっ
た毛糸玉の中心に，結束バンドが通った状態に
なります。

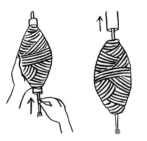

⑤結束バンドを締め，ループ状の毛糸をカットする

毛糸が抜けないように結束バンドをきつく締めます。毛糸のポンポンをつ
くる要領で，よく切れるはさみでカットしてください。

コミュニティボールのできあがりです。

⑥完成したら，ボールを1周まわして，感触を共有する

コミュニティボールをつくるときのポイント

　毛糸を巻きながら話すことを難しいと感じる子どももいます。毛糸を少し巻いた後に手を休めて話すのでもかまいません。リラックスして楽しみながら参加できるようにします。話をしている人の右隣の人は毛糸を引き出すサポート役を担います（つくり方②）。サポート役として参加することが自己紹介をする前のちょっとした心の準備につながります。特に人前で話すことに抵抗がある子どもにとって，毛糸を引き出す手助けをすることは参加への第一歩となります。毛糸は2玉以上使ってボールをつくるとよいでしょう。小さくて軽いボールは対話のときにうまく投げることができません。人数が少ない学級の場合はいくつかお題を設定して繰り返し毛糸を巻いていきます。授業時間を複数回使って巨大なボールをつくることもあります。

 ## コミュニティボールの働き

　p4c の対話にコミュニティボールが欠かせないのは，なぜなのでしょうか。ボールには次の3つの機能があります。

①発言権を示す

　ボールを持っている人が話すことができます。話したい人は手を挙げてボールをもらうというルールで，対話を進めていきます。

②発言者に対する注目を促す

　コミュニティボールは，話す人への「やわらかな注目」を促します。ボールが視線を集めるので，話者に自然と注目が集まります。同時に，ボールが緩衝材となり，視線をやわらげます。「注目されると話しづらい」と感じる子も，ボールがあることで，話しやすくなるようです。

③発言者を選ぶ権利を与える

　ボールを持っている人が，次の話者を決めることができます。子どもたち自身が発言者を選ぶ権利を得るわけです。そうすることで，対話の流れを子どもたち自身で紡いでいくことが自然と促されます。

　この他にも，さまざまな効果があります。例えば，教師からの「全く話せなかった子どもが発言できた。その子の声をはじめて聞くことができた」という感想をたびたび耳にします。また，子どもたちはボールのチカラを借りることで，話し手・聞き手として成長できることを実感しているようです。
・他の人の意見を静かに聞いてあげられる
・がやがやしないので，集中して意見を聞くことができる
・他の人にさえぎられないので，気持ちよく話せる
・人の話をちゃんと聞いて，自分でよく考えられる

 ## コミュニティボールの起源

　コミュニティボールは，アメリカの先住民が使っていた「トーキングスティック」というツールをヒントに誕生しました。トーキングスティックは，「他者を理解する姿勢をもつことで，自分も他者から理解してもらえる」という教えのもと，立場の違いを超えて平等な話し合いの場をつくるために使われてきたそうです。
　コミュニティボールも，対話の場における話す権利の平等性を象徴しています。

③ 対話の場の「セーフティ」を育む

　p4c の対話において最も基本的かつ重要なことは，さまざまな声が共有される場を育むことです。多様な視点の共有，思考の批判的な掘り下げ，新たな見方の創造……これらは全て，多彩な声が共有されてこそ実現できることです。そこで，p4c では，対話の場の「知的安全性・セーフティ」を育むことを重要な目標として掲げています。

 多彩な声を分かち合う対話

　p4c は対話を通して考えを深める学びの時間です。対話とは，物事を捉える多様な視点を共有し，自分とは異なる見方と出会うことで，考えが揺さぶられたり，新たな理解が生まれたりするコミュニケーションです。

　対話の輪に30人が参加していたら，30通りの発想・捉え方があるかもしれません。それぞれの人が，自分の心に浮かんだことを，飾ることなく，躊躇することなく声にすることができれば，さまざまな視点を重ね合わせて，新たな理解や疑問を生み出せる可能性がふくらみます。

　論点を絞って立場を明確化するディスカッションと異なり，「こんな見方もできる」「あんな見方もできる」と思考を広げ，なるほどと納得したり，新たな疑問を抱いたりして，理解を深めていきます。

　対話は，しかしながら，ただ人が集まるだけで展開できるわけではありません。人がいても，誰も何も話さないという場合もあります。対話のなかでさまざまな声が聞かれるようになるためには，心に浮かんだことを躊躇せずに発言できる場が必要です。話すことが得意な人の声だけでなく，さまざまな声が聞かれるようになることが重要です。そのために必要となるのが，セーフティです。セーフティは，多様な視点を共有するための基盤です。

「知的安全性・セーフティ」とは？

　対話の場がどのような状態のとき，セーフティが高いと言えるのでしょうか。セーフティが何かを理解するためには，むしろそれとは逆の状態，すなわちセーフティが欠けている状態を想像してみてください。

　セーフティが欠けている状態とは，例えば，次のような思いが頭をよぎり，発言をためらうような場合です。
・こんなことを言ったら他の人にばかにされるのではないか
・どうせ他の人も同じようなことを考えているから，言わなくてもいいや
・せっかく発言するなら，すごいと思われることを言いたい
・自分が考えていることって，正しいかなぁ？
・でしゃばりだと思われたら嫌だなぁ
　このような思いによって，自分の考えを共有することをためらった経験は，誰でもあるでしょう。思い浮かんだことがあるにもかかわらず，話すことができないのは，セーフティが欠けている状態にあるからです。
　セーフティが高い状態というのは，その逆です。自分の考えを過小評価したり，周囲の目を気にしたりすることなく，考えや思いを素直に他者に伝えることができる状態です。互いを傷つけることなく，異論を提示することができるようになったら，セーフティが高まっているサインです。
　p4c が目標とするセーフティは，英語では intellectual safety と表現されます。伸びやかな探究のためには，「身体的（physical）」だけではなく「知的（intellectual）」なセーフティが不可欠だという認識にもとづいています。

セーフティを育むためのステップ

　対話の始まりで最も大切なことは，セーフティの価値を子どもたちと共有し，安心して発言できる，安心してさまざまな考えをめぐらせることができる探究の土壌を共に育むことです。そのための工夫を紹介します。

①セーフティマップをつくる

　セーフティを育むためには，対話に参加する人全員が，セーフティの意味やそれを高めるためにできることについて考え，行動に移していく必要があります。学級という環境には，セーフティを阻害する要因がさまざま存在しています。クラスメートとの関係性，他者と比べての自己評価，成績評価のプレッシャー，教師との関係性などです。さまざまな要因に目を向けながら，共に考えるプロセスを通して，セーフティを少しずつ育んでいくことが重要です。

　セーフティを育むために取り組むべきことは，学級によって異なります。どのようなときにセーフティが高まるのか，あるいは低下するのかということを共に考える機会をつくることが重要です。

　「みなさんはどのようなときに話しづらいと感じますか？　どのようなときに話を聞いてもらえたと思いますか？」と，子どもたちに問いかけてみましょう。子どもたちから挙がってきた具体的な例を模造紙などに書きとめておきます。ここに書かれたことが，セーフティを高めるための手がかりとなります。

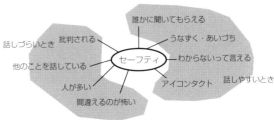

②対話の前にセーフティの重要性を確認　▶28ページ

　対話を始める前に，p4c のルールを確認します。そのなかで，セーフティの大切さについてもふれます。みんなの協力でセーフティが高まることを確認して，対話を始めます。

③対話の最後の評価の時間にセーフティのレベルを確認　▶49ページ

　対話を終えたら，円座のまま評価を行いますが，そのときに「セーフティはどうでしたか？」と確認します。もし，低い評価をした子どもがいたら，コミュニティボールをまわして，なぜセーフティが低いと感じたかを話してもらいます。例えば「話をしているときに，別の人がこそこそ話をしていて，聞いてもらえていないように感じた」と答えたとします。こうした発言の中に，セーフティを高めるためのヒントが含まれています。「次に対話をするときは，その点に気をつけよう」と呼びかけ，次回につなげます。

　教師のセーフティ

　セーフティを高めていくことは，子どものためだけでなく，教師のためにも重要な目標です。

　教師は，教育現場において，子どもたちを指導する重要な役割を担っているため，p4c の対話でも，「私が対話を深めなければならない」というプレッシャーを強く感じ，セーフティが失われた状態に陥ってしまいます。対話を深めるためにどのように問い返せばよいのかということばかりに意識を向けてしまい，子どもの声に集中できなくなってしまったり，焦りを感じ頭が真っ白になってしまったりということが，しばしば起こります。そのときに，肩の力を抜いて，子どもたちと共に考えることを楽しめるかどうかがポイントになります。対話のなかで共有される声に集中すると，子どもたちの考えに対する驚きや疑問が自然と生まれてきます。教師が探究を楽しむことが，子どもたちのセーフティを高めることにもつながっていきます。

④ 子どもの問いから対話を始める

p4c の重要なポリシーは，子どもたちの疑問を掘り起こし，そこから探究を始めることです。不思議に思う気持ちを「ワンダー」と呼びます。p4c では，ワンダーこそが探究の源泉だと捉えています。子どもたちのワンダーを大切にすることで，考える意欲や考える力を育もうとしています。

 問いづくりの２つの方法

学校の授業に p4c を取り入れる場合２つの問いづくりの方法があります。対話の内容を自由に設定する方法と，学習内容に沿って対話の内容を決定する方法です。教科指導のなかでは２つ目の方法を取り入れることが多いですが，はじめて p4c に取り組むときは，ぜひ１つ目の方法を試してみてください。子どもたちが世界を捉える視点がいかに多様かを知ることができます。

①フリースタイル型
普段の暮らしや学びの中で疑問に思っていること，みんなで考えたいと思うことを出し合い，対話をします。

「今日の対話で考えたい問いを出し合いましょう。日頃から不思議に思っていること，なかなか答えが見つからなさそうな疑問はありますか？」

②テーマ掘り下げ型
教材や授業の活動をもとに問いをつくり，対話をします。授業のテーマについて理解を深めることが目的です。

「学んだことのなかから，みんなで考えたい問いを出し合いましょう。対話で掘り下げたい疑問はありますか？」

対話の問いを選ぶまでの流れ

①問いを書く

　対話を通して考えたい問い，答えを出すことが難しそうな問いを，それぞれが紙に書きます。一人ひとりが，自分の疑問を掘り起こす機会をつくることが大切です。ただし，「思いつかなかったら白紙でもよい」ということを伝えておきます。p4c を始めたばかりの段階では，疑問をもつということに慣れていない子どもたちもいます。問いが思い浮かばないことに焦りを感じ，セーフティが低下しないよう，心配りが必要です。

②問いを共有し，選ぶ

　1 人ずつ問いを読み上げ，他の人に見えるように床に並べていきます。始める前に，後で問いを選ぶことを伝えておきます。どの問いに一番心を惹きつけられるかを意識しながら，他の人の問いに耳を傾けます。

　全ての問いを共有したら，その中から対話の問いを選びます。付箋やシールなどを使って，投票して選びます。

問いづくりのポイント

答えを出すことが対話の目的ではありません。問いをさまざまな角度から吟味しながら、理解を深めていくことを目指します。なので、対話の始まりとなる問いは、どのようなものでもかまいません。

①考える≠正解を探る

学校での子どもたちの役割は、教師の提示した問いに答えることばかりです。「先生はどんな答えを求めているだろうか」「何が正しい答えだろうか」。教師の反応を常に探りながら、正解にたどりつこうとしています。一方 p4c では、「正解を探る」こととは異なる「考える」ことを体験します。正解を出すために考えるのではなく、問い続けるために考えるのです。

「なぜ？」「どうして？」と疑問を抱いたとき、私たちは立ち止まって考え始めます。その問いに目を向けることから、考えるプロセスは始まります。しかし、学校教育のなかで、子どもの疑問に目を向ける機会はほとんどありません。答えを探る思考ばかりが重視されることで、それぞれに宿るワンダーは徐々にしぼんでいってしまいます。そこで p4c では、疑問を抱くことの大切さを子どもたちに伝え、ワンダーを育むことに取り組みます。

②どんな問いでも探究は展開できる！

p4c では、子どもたちが対話の問いを考え、選びます。問いをつくるときには「答えに到達することが難しそうな問いを出し合おう」と子どもたちに伝えます。しかしながら、教師の視点から見ると「教科書や資料を調べたらわかりそうな問い」が選ばれることがあります。答えがある問いでは探究が行きづまるのではないかと不安がよぎります。しかし、どんな問いからも対話を掘り下げていくことはできます。1つの問いから、さまざまな問いを生み出すことができるからです。

③問いそのものを問うことに挑戦する

　対話の問いが選ばれたら，その問いからさらなる疑問を生み出すことで対話を深めていくことができます。例えば，「本当の友達とは？」という問いからは，「本当ではない友達とは？」「友達と友達じゃない人の境は？」などの疑問が生まれます。派生的な問いは，最初の問いを深めていくきっかけになりますが，思わぬ方向に思考が展開するきっかけにもなります。問いの答えを出すことだけが対話の目的ではありません。さまざまな問いを紡ぎながら，言葉の海を泳ぐことを楽しむことがp4cの面白さです。

④問いを育むさまざまな工夫
【ワンダーマップ（考案者：八巻淳氏・宮城県小学校教頭）】

　自分の問いを書きとめるワンダーマップを年間を通してつくります。問いから別の問いが生まれたり，自分で対話を始めたり，問いと思考の有機的な成長が可視化されます。

【日々の授業を問いで終わる】

　通常の授業のなかでも，問う力を育むことはできます。例えば，授業の最後に，学んだことから考えたいと思った問いを書きとめる習慣をつくります。

5 深く考えるためのツール

　対話を始めるときに最初に目指すべきことは，セーフティが高まり，さまざまな声が共有されるようになることです。ただしその先には，多彩な声をもとに「考えを深めていく」という目標があります。p4c では，子どもが自分の力で考えを掘り下げていくことをサポートします。そのために開発されたのが「深く考えるためのツール」です。WRAITEC という 7 つのアルファベットが書かれたカードがあり，それぞれのカードが考えを掘り下げるための異なる切り口を示しています。

W

What do you mean by?：意味を問う
どういう意味だろう？
・発言の論旨を明らかにする
・言葉の意味をあらためて問い，吟味する

R

Reason：理由を問う・考える
なぜそう考えるの？　私が～と考える理由は……
・意見の理由を聞き，理解を深める
・自分の考えを理由とともに伝える

A

Assumption：前提・想定・仮説に目を向ける
この意見の根っこにある考えは？　それって当たり前なの？
・考えの基盤にある前提を掘り起こす
・当たり前に思っていることにあらためて目を向ける

Inference：推論・連想に目を向ける

何が想定できる？　もし……だとしたら？
・経験や知識などから多様な考えが導かれることに気づく
・さまざまな場面を想定しながら，発想を促す

 True：真偽を問う

本当に？　そうじゃない場合はある？
・意見や考えの正当性をあらためて吟味する
・固定観念を疑ってみる

 Example, Evidence：例を示す・根拠を探る

例えばどんなとき？　そう考える根拠は？
・具体的な事例を通して考えを掘り下げる
・根拠を探して意見の正当性を検討する

 Counter-example：反例を示す

でも，そうじゃない場合もあるんじゃない？
・意見や考えの正当性を問い直すきっかけをつくる
・異なる視点からの事例を挙げて，考えを吟味する

【自分たちのツールをつくろう！】

　自分たちの言葉でツールをつくると，より自然な掘り下げができます。普段の会話の言葉，例えば方言で表現し直してみるのも面白いでしょう。

深く考えるためのツールの使い方

①はじめのおさらい

　対話のはじめに，7つのツールを確認します。考えを掘り下げる観点をおさらいしてから，対話を進めていきます。

②ツールがどのくらい使われているかを可視化する「スポッティング」

　対話のなかでツールがどのくらい使われたかを可視化したいときは，ツールが使われた回数をカウントします。その結果，よく使われているものと，あまり使われていないものが見えてきます。

③ターゲットを定めて練習

　うまく使えないツールがあれば，そのツールを意識的に使うよう目標を立てて対話をすることもできます。例えば，対話を始めるときに，「今日は『本当に？』というツールを使って，考えを掘り下げてみよう」などと声をかけ，いくつかの切り口を積極的に活用するよう促します。

【深く考えるためのツールは，何歳から使えますか？】

　子どもたちが使いやすい言葉に置き換えることで，小学校1年生でもツールを使った対話が可能です。

　ハワイでは幼稚園でもツールを活用しています。使いやすいものから紹介して，徐々に慣れていくとよいでしょう。

大野沙絵子氏・兵庫県小学校教諭の取り組みより

ツールを活用する

①ツールを使って考えを分析するエクササイズ

　7つのツールのつながりを認識し，論理的に考える力を高めます。

見たこと	I	A	T	C
●●さんが，くしゃみをした	●●さんは風邪をひいている	くしゃみをする人は風邪をひいている	くしゃみをしたら風邪をひいているって本当？	花粉が飛んできたのかも！

　あるものを見たときに，別の考えが浮かぶことをIのツールは表しています。例えば，くしゃみをした人を見て，「あの人は風邪をひいている」と考えます。この推論は，「くしゃみをする人は風邪をひいている」という想定（A）にもとづいてされます。

　Tを使って「本当だろうか？」と想定を疑うことが，p4cでは重要です。反例（C）が見つかれば，「あてはまらない場合」があるわけです。上の例の場合，「花粉が飛んできてもくしゃみは出る」という反例が浮かびます。

②ツールでブックマーク

　教材を読み深めるときにもツールを使うことができます。例えば，意味が不確かな部分にはWを，本当かな？と思う部分にはTを書き込みます。教材と対話をするように，読み深める力を高めていきます。

　教材だけではなく，自分が書いた文章を校正するとき，あるいは教師がワークシートを添削するときにも，この方法を使うことができます。理由を述べるべきところにR，事例や根拠を示すべきところにEなどと印をつけます。その部分をふくらませて書くことで，より論理的で奥行のある記述ができるようになります。

6 ファシリテーションのための魔法のことば

p4c では，子どもたちが主体となって切り開く探究を，対話を通して展開していくことを目指しています。そのため，子どもたちを「指導される者」としてではなく，「共に学びの場をつくるパートナー」として捉えています。対話の中では，教師は「ファシリテーター」として進行役を担いますが，こうした役割も，できる限り子どもたちと共に担うようにしていきます。

子どもによる対話のファシリテーション（進行）を支える工夫として，コミュニティボール（29〜30ページ）の他に，「魔法のことば（magic word）」というものがあります。対話を円滑に進めていくときに必要な声かけを呪文のようなフレーズに置き換えて，子どもたちが積極的にファシリテーションに参加できるようにするための工夫です。

魔法のことばは，コミュニティボールを持っていなくても話すことができます。対話がうまく進んでいないと感じたら，誰でもファシリテーターの役割を担うことができます。

ファシリテーションに必要な声かけ

「もう少し大きな声で話してくれますか？」
「よくわからなかったのでもう一度説明してもらえますか？」
「あれ？　話題から外れていませんか？」

対話を進めていくなかで，このような声かけが必要となることがあります。通常の授業では，教師がこうした声かけを行います。一方 p4c では，子どもたちにも声かけの役割を委ねていきます。対話の場をつくり出すうえで必要な姿勢やスキルを身につけてほしいからです。

ファシリテーションのためのフレーズを考える

　ファシリテーションに必要なさまざまな声かけを意味するフレーズを，子どもたちと一緒に考えていきます。

　「声が小さくて聞き取れないときってあるよね。でも，せっかく話をしてくれているのだから，しっかり聞きたいじゃない？　そういう場合，どんな声かけをしようか？」

　「そうだなぁ……何がいいかなぁ？」

「『メガホン』なんてどう？」

　「話題がずれちゃったときはどうする？」

「ちょっとずれてるよ！　だから『ちょずれ』っていうのはどう？」

（斎藤紗織氏・新潟県小学校教諭の取り組みより）

　魔法のことばは，使い方によってはセーフティの低下を招く場合があります。例えば，話すことが苦手な子どもがか細い声で一生懸命言葉を紡いでいるときに，みんなが「メガホン」と言い始めたら，さらに自信を失い黙ってしまうかもしれません。そういう状況が生じたら，「セーフティを失わないように声かけをするためにはどうしたらいい？」と，子どもたちと考えます。
　魔法のことばは，カードやハンドサインに置き換えることもできます。

魔法のことばをみんなでつくろう

イラスト：玉木悠子氏

　フレーズを決めたら教室に掲示しておくとファシリテーションへの意識が高まります。

ハワイの学校で使われている魔法のことば

IDUS（イダス）
I don't understand.
よくわからなかったので，もう一度言ってもらえますか？

SPLAT（スプラット）
Speak a little louder, please.
もう少し大きな声で話してもらえますか？

POPAAT（ポパァット）
Please, one person at a time!
話すことができるのは1人だけですよ。

GOSS（ゴス）
Going off the subject.
話題がずれてきていますよ。

LMO（エル・エム・オー）
Let's move on!
別の問いに移りませんか？

　LMO というフレーズは，授業の流れを大きく左右するものです。この言葉を使う権利を子どもに授けるということは，教師にとっては非常に勇気のいることです。また，1つの問いを選んだら，難しくてもその問いと向き合う粘り強さも必要です。ハワイの学校では，どんなときに LMO を使うべきかを子どもたちと考えながら，こうしたフレーズを取り入れています。

7 対話の評価

　時間がきたら，対話は終わりです。最後に，円座のままで対話の評価をします。p4c が追求する子どもたちの主体的な学びの場づくりにとって，評価はとても大切な意味をもっています。評価には，次の３つの目的があります。
①自分の対話への参加をふりかえる
②コミュニティとしての状態をふりかえる
③よりよい対話へとつなげていくために必要なことを確認する

評価のやり方

　ファシリテーターが投げかける質問に沿って，一人ひとりがハンドサインなどで評価をします。多くの日本の学級では，手の高さで評価の良し悪しを表す方法を用いています。

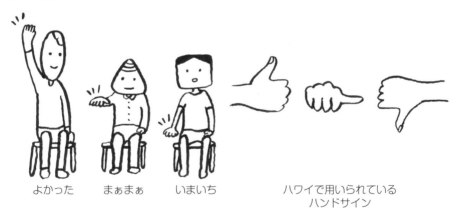

よかった　　まぁまぁ　　いまいち　　　　ハワイで用いられている
　　　　　　　　　　　　　　　　　　　　ハンドサイン

評価の問いの例

「自分の考えを伝える努力をしましたか？」
「他の人の考えに注意深く耳を傾けることができましたか？」
「新たな発見はありましたか？」
「考えは深まりましたか？」
「セーフティはどうでしたか？」

　上に挙げた基本の質問の他にも，授業のねらいに沿って，必要なことを評価・確認します。例えば，深く考えるためのツールを使うことを目指していた場合は，「ツールをうまく生かすことができましたか？」と聞きます。

　評価の時間は，一人ひとりが対話の時間をふりかえるとともに，他の人がその時間をどのように評価したかを知ることにもつながります。他者の評価を知ることは，コミュニティとして成長するうえで大切なことです。

評価の理由を聞き改善点を探る

　評価の時間は，よりよい対話へとつなげるための工夫を探る大切な機会です。思考の深まりやセーフティの醸成について，教師と子どもが共に改善のための手がかりを考えるきっかけとなります。そこで，低い評価をしている人がいた場合は，その人にボールをまわして評価の理由を聞きます。子どもたちの率直な声から，次の対話のときに注意すべきこと，取り組むべきことなどが見えてきます。

①評価の場面の例1

教師　　：考えが深まったと思いますか？
→まぁまぁ，あるいはだめだったと評価する子どもたちがいたとします。
教師　　：深まらなかったと感じた理由は？
子どもＡ：本当かな？と思ったときがあったけど言えなかったです。もし言えたら，違う考えが出てきたかもしれないなと思って。
子どもＢ：いろいろな考えが出てきたけど，はやすぎてわからなくなっちゃった。
子どもＣ：新しい見方ができなかったと感じた。
教師　　：他の人が話したことが，自分の考えと似ていたから？
子どもＣ：自分が思いつくようなことが多かったように感じたし，意見が流れてしまったようにも感じた。
教師　　：深めていくために，どんな工夫をすればよいと思いますか？
子どもＢ：もっとゆっくり対話をしたい。そうじゃないと，いろいろな考えが流れちゃう。
子どもＡ：勇気を出して「本当に？」と言えることも大切。次はそうしたい。

②評価の場面の例2

教師　　　：セーフティはどうでしたか？

→数名の子どもが，セーフティが低かったと評価したとします。

教師　　　：どうしてセーフティが低いと感じたのですか？

子どもＡ：自分が話しているときに，他の人も話していて，聞いてもらえて
　　　　　　いないような気がしたから。

子どもＢ：途中でわからなくなっちゃって，対話に入れなかったので。

教師　　　：わからなくなった場合は，どうしたらいい？

子どもＢ：途中で対話を止めた方がいいと思う。

子どもＣ：わからなくなったときは，わからないって言ってもいいはず。

子どもＢ：でもちょっと言いづらい。

教師　　　：魔法のことばには，わからなくなったときのフレーズがあるよね。
　　　　　　そういう声かけもしていいとみんなが認識することが大切だよね。
　　　　　　他にもセーフティを高めるためにできる工夫はありますか？

子どもＡ：ボールを持っていないときは話さないというルールが大切だと思
　　　　　　います。特に関係のない話はだめだと思う。

教師　　　：次回からそのことにも気をつけるようにしましょう。

　評価の時間では，子どもたちが自分たちの気づきを共有する場をつくります。教師としての気づきを伝えることも大切ですが，子どもたちが工夫を考える主体となるようサポートします。

8 対話の前のウォームアップ

　p4c では，対話の前に参加者の緊張をときほぐし，よりセーフティの高い状態で対話を始めるため，アイスブレイクの時間を大切にしています。アイスブレイクのアクティビティは，必要に応じて対話の前の5～10分ほどの時間を使って行います。アクティビティを通して，p4c のルール（例えば名前を呼んでからボールを投げる，下からボールを投げるなど）に慣れること，また，考えるスイッチを入れることを促します。

 ボールに慣れるためのエクササイズ「スピードボール」

　輪になり立った状態で行います。名前を呼びながらボールを投げ合い，全員にボールがまわるまでにかかる時間をはかります。慣れてくると，時間がどんどん短くなります。このゲームをすることで，名前を呼んで相手にボールを投げることに慣れていきます。

【ルール】

①立っている人のなかから1人選んで相手の名前を呼んでボールを投げましょう。ボールを投げた人は，イスに座ります。

②最後の3人になるまでは，隣の人にボールを渡すのは NG です。

③下からボールを投げるようにしましょう。

対話を始める前のひとこと自己紹介

　クラスには，自分の考えを話すことに難しさを感じている子どもたちもいます。話すことに対するハードルを少しでも下げるため，対話を始める前にひとことずつ自己紹介をする時間をつくります。「今一番楽しみなこと」「オススメの本」「どんな動物になってみたいか」などお題を1つ出して全員にボールをまわします。理由も添えて話すようにすると，対話への心構えができます。この時間は，相手の話を聞く準備にもつながります。

ポイント：パスできるというルール（28ページ）はこのときも有効です。
　　　　　「話したくなければパスしてもいいよ」と言い添えておきましょう。

　ひとこと自己紹介の時間をとても大切にしている子どもたちもいます。対話の後のワークシートには，次のような感想が書かれていることがありました。

　「自己紹介をしたらすっきりしました」
　「自己紹介が楽しかったです。自分のことを言って，いろいろな人に聞いてもらうのがうれしいです」
　「自己紹介の時間は素敵です。恥ずかしい人もがんばって言っているからです」

　ひとこと自己紹介は，対話の前に話す練習として行うのですが，こうした子どもの声から，自己肯定感や他者理解を醸成する働きをもつことがわかります。セーフティを高めていくことにもつながります。

考えるスイッチを入れるための質問ゲーム

　対話の前にいくつか質問を投げかけ，思考を働かせる準備をします。質問を投げかけ，5人くらいが答えたら次の質問に進みます。慣れてきたら，子どもたちに質問を考えてもらいます。質問ゲームは深く考えるためのツールを使う練習にもなります。

①「なぜ？　もし？　どっち？　ホントかな？」
　考案者：庄子修氏・宮城教育大学特任教授

なぜ？
・なぜ人は恋をするの？
・なぜ人はケンカをするの？
・なぜ遠足の前は眠れないの？

もし？
・もし魔法が使えるとしたら，どんな魔法を使ってみたい？
・もしニワトリが2mの大きさだったら，どうなる？

どっち？
・頭脳と体力，どっちがほしい？
・はやく大人になりたい？　なりたくない？　どっち？
・暑すぎるのと，寒すぎるのと，どっちがいい？

ホントかな？
・寝る子は育つって本当？
・世界で活躍するには英語が必要って本当？

②考える人のなんでもバスケット

　円座になったときに，男女が分かれて座ったり，仲のよい友人同士で座ったりすることで，ひそひそ話が止まらないということがあります。席替えと考えるエクササイズを兼ねて行うのが，「考える人のなんでもバスケット」です。

　通常のなんでもバスケットでは，人数より１脚少ない数のイスを用意して，オニ役の人がセンターに立ち，その人が出した条件に合う人は一斉に立ち上がり席替えをします。例えば，「朝ごはんにパンを食べた人」「ドッジボールが嫌いな人」「話をするのが苦手な人」……など，投げかけられた条件に合う人が別の席へと移動するイスとりゲームです。このゲームに考えるプロセスをつけ加えたのが，考える人のなんでもバスケットです。

　オニ役の人が，１つの考えを述べます。その考えに賛同する人が，席を移動します。例えば……

　「宿題がない方が，学びたい気持ちは増える」
　「夏休みは長ければ長い方がよい」
　「学校生活で自分らしさを一番出せるのは，部活の時間だ」

　オニ役が提示した考えに賛同する場合は，立ち上がって別の席に移動します。オニ役は，どんな考えを述べようかとあれこれ迷います。日常生活のなかで自分の考えを意識する機会が十分にない人もいるでしょう。このゲームは，自分の考えに目を向け，さらに，他者の前で自分の考えを述べる練習になります。

9 ワークシート

p4c の探究の面白さは，対話のなかで多彩な意見が共有され，交わり合うことで，学びの機会が有機的に紡がれていくことです。この学びには，2つの重要な特徴があります。第一に，一般的な授業のように教師が設定した理解の到達点に向かわせるものではないということ，すなわち，子どもが学びのプロセスを構築していくということです。第二に，対話を通して感じること，考えること，学ぶことは人によって違ってよいということ，すなわち，子どもたちの個性・感性によって多彩に展開しうる学びだということです。したがって，各自の視点で学びを深め，自覚することが重要です。

対話の前後で用いられるワークシートは，そのための工夫の一例です。まず対話の前に，問いに対する自分の考えを書きとめて，対話の準備をします。そして，対話の後に，自分の心や思考の動きにあらためて注意を向け，変化をふりかえります。例えば，次のようなポイントから，対話をふりかえります。

①他の人の発言で，なるほどと思ったことや引っかかったことはあるか
②対話の前後で，問いに対する自分の考えがどのように変化したか
③対話を通して考え始めたこと，新たに疑問に思ったことはあるか

ワークシートの設計には，教育者の考え方がはっきりと表れます。どのような学びを目指しているかによって，ふりかえるポイントが異なるからです。ワークシートでふりかえるべきことは，上記①〜③の他にも，学級の状態や授業のねらいによってさまざまあります。本項ではワークシートやルーブリックのサンプルを示していますので参考にしてください。

ワークシートは評価に活用することもできます。特に道徳などの質的評価で参考にできます。ただし，ワークシートの目的は，子どもが自ら学びを深めることであり，評価はあくまでも副次的なものと捉えるべきでしょう。

①ワークシートサンプル１（基本の形）

p4c の対話ワークシート

氏名＿＿＿＿＿＿＿＿＿＿＿＿

１　選ばれた問い

２　問いについて考えたこと，疑問に思ったこと

３　他の人の発言から考えたこと

４　自分の考えの変化

５　さらに考えてみたい問い

　１～２は対話の前に，３～５は対話の後に書き込みます。

②ワークシートサンプル2（引っかかるポイントを記録し問い深める）

　高学年以上では，対話の途中で引っかかるポイントを書きとめることに挑戦するのもよいでしょう。サンプル1の項目3を，以下のような形に変えると，引っかかったポイントから考えをふくらませるサポートができます。

3　他の人の発言から考えたこと

おや？なるほど！と思ったポイント	対話で議論されたこと，自分で考えたこと

　対話中，左の枠にポイントを書きとめ，対話が終わってから，右の枠を埋めていきます。

③ワークシートサンプル3（対話への参加をふりかえる）

項目	評価	例えば？
聞く姿勢		
セーフティ		
参加の姿勢		
考えの深まり		
新たな発見		
思考の揺さぶり		
対話の面白さ		

　例えば，セーフティを「よい」と評価した場合，なぜそのように評価するのか，具体例を挙げて示します。こうしたワークシートを用いて具体的に評価するようにすると，対話を考察する力が高まります。

ルーブリックのように尺度を用いると，学びの目標を具体的なイメージで理解することができます。

④ルーブリックサンプル１（参加の姿勢の評価）

日付	目標達成	もう少し	目標届かず
／	授業中，クラスの一員としての役割と責任を果たすことができた。セーフティを重視し，じっくり聞いたり，考えを述べたりでき，探究に貢献した。	授業中，クラスの一員としての役割と責任を十分に果たすことができなかった。	授業中，クラスの一員としての役割と責任を全く果たすことができなかった。

　カイルア高校のエスニック・スタディーズおよび哲学探究の授業で使われているルーブリックの一例です。探究は一人ひとりの貢献で成り立つものという理解のもと，毎回の授業において，自分の参加の姿勢を三段階で評価します（ルーブリック提案者：Amber S. Makaiau 氏，Kehau Glassco 氏）。

⑤ルーブリックサンプル２（思考のプロセスの評価）

よかった	まぁまぁ	もう少し	要努力
自分の考えや疑問に気づき，他者の考えや疑問と比較しながら新たな見方を生み出すことができた。	自分の考えや疑問について気づきがあった。	自分の考えや疑問がなかなか見えてこなかった。	自分の考えや疑問に注意をはらうことさえできなかった。

　ここでは例として「自分の思考への気づき」を評価する基準を示しましたが，「多様な視点の理解」「深く考えるためのツールの活用」など，思考のプロセスを評価するポイントは他にもあります。

⑩ 教室づくり

　豊かな探究を展開するためには，対話のプロセスだけでなく，教室空間を
デザインする視点も重要になります。探究のマインドセットへと切り替える
ために，あるいはセーフティや考えを掘り下げるためのツールを日頃から意
識するために，すぐに取り入れられる教室づくりのアイデアはさまざまあり
ます。本書ではその一部を紹介します。

探究モードに切り替える工夫

　通常の教室空間は，必ずしも探究型の思考を誘発するレイアウトになって
いるとは限りません。机が直線的に並び，全ての子どもが同じ方向を向いて
いる情報教授のための空間です。

　円座になる空間をつくるということは，普段とは異なる学びの姿勢へと誘
うきっかけになります。

　また，教室の扉に大きなクエスチョン
マークが書かれていたらどうでしょうか。
その扉を開けて教室に入っていくという
身体行為を通して，探究者としてのマイ
ンドセットに切り替えることを後押しで
きるかもしれません。

　「探究モード」に切り替えるために，
p4c の時間だけ特別な名前をつけるとい
う工夫もあります。子どもも教師も，ニ
ックネームを使って対話に参加し，哲学
者になりきります。

ハワイの学校の教室づくり

① 「セーフティ」の大切さをリマインドするポスターなどを壁に掲示

　学びの場のセーフティは，全て
の場面において重要なはずです。
異なる視点・考え方を受けとめる
コミュニティづくりを常に意識す
るよう促します（サンセットビー
チ小学校）。

② 「深く考えるためのツール」を壁に掲示

　学習内容の理解を掘り下げるた
めに，教科指導のさまざまな場面
でツールを活用することができま
す。なぜ？本当？と問う工夫は対
話の時間以外でもできるはずです。
　深く考えるためのツールを壁に
掲示し，掘り下げることを常に意
識します。WRAITEC を並べ替
えて「ICWATER（冷たい水）」
とすることで，小学生にも覚えや
すくなります（サンセットビーチ
小学校）。

日本の学校で掲示されている日本語のツール

③ p4c の目的をポスターで表現する

　授業の目標を生徒一人ひとりが表現したポスターです。

　問うこと，自分の考えを揺さぶること，コミュニティを築くことの大切さが描かれています（カイルア高校）。

④ 問いを促すポスター

　「Juicy Wonderings（みずみずしいワンダー）」という標語のもと，自分自身の問いに目を向けることを子どもたちに促します。

　こうした掲示を生かして，対話の時間だけではなく，全ての学びにおいて，問いを意識する機会をつくります（カエレプル小学校で生まれた Juicy Wonderings は，サンセットビーチ小学校でも取り入れられています）。

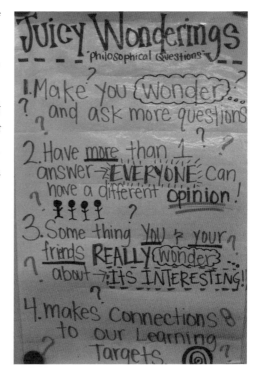

⑤ファシリテーションのための魔法のことば

　対話の参加者に見えるように，深く考えるためのツールとともに床に並べられています（ワイキキスクール）。

⑥日々生まれた問いをストックする

　教室の一角にあるワンダーウォールは，p4c の対話だけでなく，授業や日々の暮らしから生まれた問いを書きとめる場所。ストックされた問いは，対話にも生かされます（サンセットビーチ小学校）。

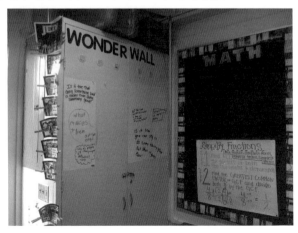

11 Q&A

①問いから対話を始める必要はありますか？

　p4c の対話では，「問い」をとても大切にしています。問いにこだわる理由は２つあります。第一に，問いから対話を始めることで，探究の焦点が明確になります。問いを立てるということは，答えを求めていくことにつながっています。必ずしも問いの答えを出すために対話をするわけではないのですが，疑問を対話の開始点とすることで，何かを見いだしていこうとする気持ちを共有することができます。第二に，問うことこそが，探究のエンジンだからです。対話の始まりだけでなく，対話のなかでも，疑問はわき上がります。自分の疑問に敏感になることが，探究力の深化につながります。

　また，他者の問いに耳を傾けることにも大きな意味があります。問いには個性が宿っています。はじめて p4c を体験した小学校４年生の子どもは，授業をふりかえって次のように述べました。「（最初に）みんなで不思議を集めました。そのとき，世界には，いろいろな不思議があるんだなぁと思い，とてもいい勉強ができました」（2014年度仙台市立西中田小学校）。１つのテーマから多彩な問いが生まれることを体験することも大切な学びです。

②どんな問いでも対話ができますか？

　セーフティを損なわないという条件さえ満たせば，どんな問いでも対話は可能です。問いを出し合うときには，「調べても答えが見つからなさそうな問いを考えてみよう」と子どもたちに伝えます。ただし，答えがあるように見える問い（例えば科学で答えが示されている問い）が，対話の問いとして選ばれることもあります。そうした場合でも，「答えがある問い」と簡単に決めつけないことが重要です。問いをほぐしながら，さらなる疑問を派生させてみてください。詳しくは，第４章を参考にしてください。

③どのようにしたら，みんなが参加する対話を実現できますか？

　対話での発言者が固定化してしまい，残りの人は聞いているだけという状況に悩んでいる教師は少なくありません。声の多様性が思考の深まりにつながるということからも，多くの子どもが考えを述べることができるようになることは，p4c が目指すことの1つです。

　ただし，発言することだけが「参加」ではありません。他者の声に耳を傾ける，多様な声を通して考えるということも，話すことと同じく（ときにはそれ以上に）大切な参加です。発言していないからといって参加していないとは限らないのです。

　発話の状況だけではなく，ふりかえりやワークシートから，思考の深まりを確認していくことが重要です。もし何か話したいことがあるのに，その場の雰囲気で話せなくなってしまっているのだとしたら，セーフティが低下しているということです。状況を確認しながら，セーフティを高める工夫が必要です。

④セーフティが低下したとき，何をすべきですか？

　セーフティの低下は，さまざまなレベルで生じます。深刻な場合は，対話の途中で誹謗中傷が飛び交うなど，対話を継続することができないような状況に陥ることもあります。その場合は，すぐに対話をやめて，セーフティを尊重する姿勢がなければ対話はできないことを伝える必要があります。

　こうした顕著な状況に至らなくても，ピアプレッシャー，自分の考えを評価されることへの不安，内容がわからないことなども，セーフティの低下につながります。

　対話の場のセーフティを高めていくことは，p4c では最も重要な関心事です。対話の最後に行う評価では，セーフティがどうだったかを確認し，もし十分でなかったという評価をした人がいたら，なぜそのように感じたのかを聞くようにしましょう。理由を踏まえて，「セーフティを高めるために何ができるか」を子どもたちと一緒に考えていくことが重要です。

⑤どのようなときに「考えが深まった」と言えるのですか？

考えの深まりはさまざまなレベルで捉えることができます。他の人の考えから新たな視点を得たとき，今まで考えてもみなかった側面から物事を考えることができたとき，対話の問いに対する答えが見つかったとき，さらには，わかっていたと思っていたことがわからなくなり，頭がぐちゃぐちゃになったときも「考えが深まった」と言えるでしょう。

考えの深まりにはさまざまな形があること，特に「わからなくなったこと」も大きな進歩だということを，子どもたちに伝えます。重要なのは，対話に参加した一人ひとりが，考えの深まりをふりかえるプロセスです。それぞれが異なる観点から深まりを感じているはずです。対話の最後の評価では，「考えが深まったと思いますか」と子どもたちに聞き，深まったと感じた理由，あるいは深まらなかったと感じた理由を聞き合う時間をつくると学びが深まります。

⑥対話を深めるために教師はどのように介入すべきでしょうか？

それぞれが自分の考えを述べただけで，相互的なやりとりや深まりがないまま終わってしまう……対話を深めるためにどう介入すべきなのかと，多くの教師が悩みます。p4c は会話とは違うのだから，深まらない場合は失敗であり，「問い返し」がうまくできなかった教師に責任があるという反省の声もよく聞きます。たしかに p4c では，異なる声を紡いで考えを深めることを目指していますから，深めるための改善を考えていくことは重要です。ただし，p4c が目指すのは子ども主体の探究であり，教師の問い返しがうまいかどうかで対話の良し悪しを評価するのは，視点がずれています。子どもたちが対話を掘り下げるために何が必要かを考えることが重要です。「深く考えるためのツール」は，そのためのアプローチの１つです。また，そもそも，会話であってもその時間には大きな意味があることを忘れないでください。他の人の考えを知るだけでも，考えを揺さぶるきっかけになるからです。

⑦対話に適した時間の長さは？

　最も一般的なのは，１時間（45〜50分）を使って問いの選択から対話までを行うやり方です。問いを考える時間を同じ枠内に組み込むことが難しければ，前時に行うこともできます。p4cでは，ゆっくりじっくり考えることを意識しています。さまざまな角度から物事を吟味する時間をつくることで，意外な展開や思考がぐっと深まる瞬間が生まれます。子どもたちは，対話に引き込まれていくと，ずっと対話を続けたいと望みます。休み時間まで延長して，考え続けるということも，たびたび生じます。

　ゆっくりじっくりが基本ですが，もちろん，１時間を確保できなければ対話ができないということはありません。朝の時間，ショートホームルームなどを活用し，10分程度の対話を習慣化することで，子どもたちの問う力，対話に従事する姿勢は，飛躍的に高まります。短い対話を通常の授業のなかに組み込むことも可能です。

⑧どのくらいの頻度でp4cを行うべきでしょうか？

　回数は多いにこしたことはありません。週１回〜複数回行っているクラスは，月１回や２か月に１回行っているクラスよりも，コミュニティ醸成や探究力の深まりでより大きな変化が生まれているはずです。問うことや異なる角度から考えることが習慣化することで，さまざまな学びの場面で生かされるようになります。ただし，年１回しかできないのならやらない方がよいかというと，そういうわけではありません。一度だったとしても，輪になって言葉を交わすことには意味があるはずです。

　また，対話の時間を十分に確保できなかったとしても，p4cのエッセンスは授業に多様な形で散りばめることができます。例えば，学んだことから生じた疑問を書きとめることが習慣になると，問うことが自然と身につきます。教科ごとに可能な工夫を次章にまとめていますので参考にしてください。

p4c を生かした授業デザイン

1 基本的な考え方

　本章では，p4c という教育をどのように授業に生かすことができるのか，特別の教科　道徳，理科，社会科，国語科，それぞれの教科の特徴を踏まえて，理論的なポイントと具体例を紹介します。これまでも繰り返し述べてきましたが，p4c の基本のステップは，とてもシンプルです。円座になり，子どもたちが疑問を出し合い，その中から問いを1つ選んで，対話をします。この流れを原型として，子どもたちが主体となって問い深めていくためのさまざまな工夫（第2章参照）を組み合わせていきます。

　1時間を使って対話の基本プロセスを進めるのが，最も一般的な p4c の取り入れ方です。問いを出すところから対話の評価までを，45〜50分かけて行います。テーマについて，さまざまな角度からゆっくり考える時間を確保します。ただし，それだけの時間を確保することが難しければ，10分程度の短い対話を授業に組み込むことも可能です。短時間で行う場合は，事前にセーフティの理解を深めておくこと，対話のルールに慣れておくことが重要です。あらかじめ問いを集めておけば，すぐに対話を始めることができます。短い時間のなかでゆっくり考えることは困難ですが，子ども一人ひとりが，疑問（関心）をもって学習内容に向き合う探究のマインドセットを引き出すことは可能です。

　また，そもそも対話の時間を確保することが難しい場合でも，p4c のツールや工夫を部分的に生かすことで，子どもたちの探究心や思考力を高めるサ

ポートができます。例えば，授業の最後に学んだことをふりかえり，深めたい疑問をノートに書きとめるだけでも，学びに対する姿勢は変化します。

　まとまった対話の時間を確保できないという理由で，コミュニティボールをつくったところで終わってしまったという学級は少なくありません。1時間使ってじっくり対話をするのがp4cだという認識にとらわれずに，この教育のエッセンスをさまざまな場面で生かす方法を考えていくことが大切です。日々の授業を通して行う小さな工夫の積み重ねが，対話的な学習の質を深めていくことにもつながります。

　本章では，具体的にどのような活用が可能なのか，教科ごとの提案を4ページでまとめています。提案は2つのパートから構成されていて，前半では小学校学習指導要領に示されている各教科の目標と照らし合わせ，特に目標のどの部分に対してp4cが貢献することができるのかを整理しています。p4cを教科指導に取り入れるうえでの理論的な視座を「p4cを通して強化したいポイント」として示しています。ここでは小学校学習指導要領をベースにポイントを整理していますが，もちろん中学校や高校のカリキュラムにも応用することができます。

　後半では，授業デザインのプランを複数提示しています。具体的な学習内容を取り上げて授業案を示すのではなく，さまざまな取り入れ方のフレーム，すなわち，授業にp4cのエッセンスを生かして，主体的な探究をサポートするいくつかのアプローチを紹介しています。p4cの基本は，お互いに顔を見ることができるよう，円座になって対話をすることです。ただし，こうした形式にとらわれない，さまざまな生かし方があります。小さな工夫を日常的に授業に組み込むことで，対話をしたときの考えの広がり・深まりに変化が生まれます。本章で取り上げていない教科，例えば，算数科，体育科，図画工作科などでもp4cを活用することは可能です。特に，図画工作科は子どもたちの自由な対話を展開しやすい教科です。また，学級活動や総合的な学習の時間は，p4cと親和性の高い学習です。本章の理論やプランをヒントに，さまざまな場面での活用を考えてみてください。

❷ 特別の教科　道徳

【p4cを通して強化したいポイント】
・道徳的価値について多角的に掘り下げる力を高める
・自分の経験と照らし合わせて道徳的価値の理解を深める
・自分の考え方やその変化に気づき自己の生き方を問い深める

①道徳的価値について多角的に掘り下げる力を高める

　学習指導要領の改訂，ならびに「道徳の時間」の教科化を契機に，道徳教育の新たな方向性として示されたのが「考え，議論する道徳」です。道徳的な課題は正解が1つに絞り込めるわけではないという認識から，それぞれの子どもが当事者意識をもって課題と向き合い，どのような行為を選択すべきか，どのような生き方をすべきか，考え続けることが重要だとされています。道徳教育の目標にも，「物事を多面的・多角的に考え」という表現が追記され，こうした力を意識的に高めていく必要性が示されました。多面的・多角的に考えるということが何を意味するのか，解釈はさまざまですが，p4cという教育は，2つの観点からこうした力の育成を目指します。

　第一に，「対話」という手法を通して，視点の多様性を引き出し，物事の捉え方・考え方の多様性にふれます。対話では，セーフティを高めることで，多様な声を共有できる場をつくります。自分とは違う視点を知り，自分の固定観念を揺さぶり，さまざまな考え方を理解することを試みます。

　第二に，深く考えるためのツール（41〜42ページ）を活用しながら，考えを分析し，批判的に掘り下げていくことに挑みます。「A」のツールで前提や思い込みを紐解いたり，「T」のツールで当たり前だと思っていたことに

疑問を投げかけたりすることで，価値の理解に迫ります。

②自分の経験と照らし合わせて道徳的価値の理解を深める

　道徳教育では，道徳的価値を観念的に理解するのではなく，子どもたちが自らの経験や考えをもとに，価値を行為につなげていくことの大切さや難しさを語ることが重要だとされています。p4cの対話では，深く考えるためのツールの「Ｅ」や「Ｃ」を用いて，実際に経験したことを具体例（あるいは反例）として提示しながら，価値を掘り下げていきます。こうしたツールを活用することで，抽象的な意見だけで対話が終わることのないように，具体的な場面を想定しながら思考を広げていきます。

　経験と照らし合わせながら道徳的価値の意味を考えていくことは，生活経験の共有にとどまりません。他者の意見と比較しながら「自分はなぜそう思うのか」と，自身の意見を問い深めるきっかけとなり，考えの自覚化にもつながっていきます。

③自分の考え方やその変化に気づき自己の生き方を問い深める

　道徳教育では物事を多角的に捉えることの重要性が強調されていますが，これは，異なる見方・考え方にふれるだけにとどまらず，その結果として，自分の見方・考え方にあらためて目を向けるきっかけとなります。人の考えにふれることで自分の考えに生じた変化は，しかしながら，注意深く目を向けなければ気がつかないこともあります。p4cの対話では，ワークシートを用いて，対話の前後に考えを書きとめて変化を可視化します（58ページ）。また，多様な考えにふれたことをきっかけに，道徳的な問題についてさらに問い続けていくことが，個々の生き方の深まりへとつながっていきます。「落としどころ」を教師が用意しないからこそ，p4cの対話の後には，子どもたちが授業後も課題について語り続けるという姿が見られます。

「特別の教科　道徳」授業デザインの例

①プランA　教材を読む→対話する

【第1時】

❶教材を使って価値の理解を掘り下げる。

❷❶をもとに，対話の問いを考える。

【第2時】

❸問いを共有し，1つ選び，p4cの対話をする。

【ポイント】

　第1時の内容を事前学習として行い，1時間の枠で授業をデザインすることも可能です。教材内容の読解のような対話になってしまう場合は，「E」のツールを意識して使うと，身近な例を通して考える思考が促されます。ワークシート（58ページ）を用いると，対話を通して生まれた考えの変化や深まりを可視化できます。

②プランB　対話する→教材を読む

【第1時】

❶テーマとなる価値から，対話の問いを考える。

❷問いを共有し，1つ選び，p4cの対話をする。

【第2時】

❸教材を読み，価値を捉える視点を広げる。

❹対話の内容と教材の内容を比較し，共通点や違いを考える。

【ポイント】

　テーマとなる価値から疑問を自由に出し合うことで，子どもたちが日常的に感じている道徳的な問いを引き出すことができます。教材は，価値理解の視点をさらに広げる機会となります。対話で語られたことと教材の内容を比較しながら価値についての考えを整理し，理解を深めます。

③プランC　複数の内容項目にまたがる対話を自由に展開する

【教材を用いた授業】

❶教材をもとに，それぞれの価値について理解を深める。

❷各回の授業の終わりに，掘り下げたい疑問を書きとめておく。

【対話の時間】

❸書きとめた問いのなかから，各自が最も考えたい問いを選ぶ。

❹問いを出し合い，そのなかから1つ選び，対話を行う。

【ポイント】

　教材を用いた授業を数回行った後に，対話の時間をつくります。対話の内容は，1つの価値にとらわれる必要はありません。さまざまな価値に枝葉を広げながら対話を展開することで，複雑な道徳的判断や心情を包括的に理解することにつながります。教材を用いる授業も，プランAやBを生かしてデザインすると，対話型の学びのさらなる展開が可能です。

 ## 道徳に p4c を生かす授業デザインのための心構え

　p4c の対話では，教師と子どもが共に考えることを大切にしています。道徳の授業に p4c を取り入れるからには，教師が設定した落としどころに導くのではなく，価値内容について一緒に問い深める時間を意識してつくる必要があります。そのために重要なことは，内容項目に書かれていることが，実は大人にとっても難しいことだと教師自身が認識することです。「『相手のことを思いやり，進んで親切にすること』が大切であろうことはわかる。しかし，そのようにふるまえないことがある。それはなぜだろう」と考えていきます。道徳的価値は，大人にとっても難しいことだからこそ，子どもたちと共に考えるのにふさわしいテーマだとも言えるでしょう。

③ 理科

【p4c を通して強化したいポイント】
・子どもたちのワンダーを育み，自然への親しみ・興味を喚起する
・比較や関係づけなど，理科の見方・考え方を深める
・予想・仮説を立てて事物や現象を吟味する力を深める

①子どもたちのワンダーを育み，自然への親しみ・興味を喚起する

　p4c では，子どもたちのワンダー，すなわち世界のさまざまな事がらについて不思議に思う気持ちを大切にし，そうした気持ちから始まる主体的な探究を推進しています。このような p4c の方針は，自然に対する関心を育むことで，学びを深めたいという理科教育のねらいと重なります。

　子どもたちが日頃から抱いている問いのなかには，「石ってなんだろう」「なぜ人間は酸素がないと生きられないのだろう」「なぜシャボン玉は空中に浮かぶのだろう」など，自然の事物や現象に関することが頻繁に登場します。理科の学習内容は，子どもたちの知的好奇心に沿うものであるはずです。子どもたちの多彩なワンダーを引き出し，彼ら自身が抱く問いから探究を展開するために，p4c の対話のスキームを生かすことができます。

②比較や関係づけなど，理科の見方・考え方を深める

　理科の見方・考え方として，物事を「多面的に考える」ことのほか，複数の事物や特定のものの変化の前後を「比較する」こと，学んだことや経験したことと「関係づける」ことなどが掲げられています。p4c では物事を多面的に捉える場として，さまざまな視点が語られる対話を重視してきました。

また，「深く考えるためのツール」を対話の中でうまく活用することで，比較や関係づけといった能力を伸ばしていくことも可能です。例や根拠を示しながら考えを深める「E」のツールを意識して活用するほか，理科教育で重視されている見方・考え方を踏まえて，そうした思考を促すツールを新たにつくり出すことも有効でしょう（以下「メソッドのアレンジ」参照）。

③予想・仮説を立てて事物や現象を吟味する力を深める

　理科では，実験や観察の前に予想や仮説を立てることで，見通しをもって考えていくことが推奨されています。見通しをもって考える過程には，さまざまな思考の段階が含まれています。

　予想や仮説をもつことは，p4c の「深く考えるためのツール」の「A」と「I」と深くつながっています。「A」は仮説に目を向けるツールであり，「I」は推論・連想を表します。特に理科では，なぜそのような仮説や推論を立てたのか，その理由を問い（「R」），仮説の背後にある根拠を認識していくことも重要です。観察や実験を通して，予想・仮説が本当なのか（「T」）を探究します。こうしたツールを活用することで，仮説検証の複雑な思考を整理することができるようになります。

 ## メソッドのアレンジ

　深く考えるためのツールに，例えば次の観点を加え，理科教育で大切な思考を高めることを意識します。

□と△を比べてみると……	比較を促すワードを追加し，異なる事物や現象，時間の前後での変化を比べる思考を促します。
□□□ならば△△△だ	推論を意識して使い，仮説を立てて吟味する思考を促します。

「理科」授業デザインの例

①プランA　単元のはじめに対話を行い，関心を喚起する

❶単元のテーマについて疑問を出し合う。

❷そのなかから問いを1つ選び，対話を行う。(10〜15分)

❸対話のなかで語られた論点をボードに書き出し，子どもがテーマについて抱いている前提を整理する。

【ポイント】

　単元のはじめに対話を行うことで，学習内容を捉えるさまざまな視点が語られます。異なる視点との遭遇を通して，テーマへの関心や疑問が喚起されます。また，対話を通して子どもがどのような前提を抱いているのかを知ることは，誤解や思い込みを顕在化させるきっかけにもなり，子どもたちに伝えるべき内容を教師が整理することにも役立ちます。

②プランB　単元のはじめに予想・仮説を立て，主体的な探究を促す

❶単元のテーマについて「知っていること」を出し合う。

　生物の成長について知っていることは？

　人の体の働きについて知っていることは？

❷「知っていること（予想・仮説）」がどのような根拠に由来するか（「E」），仮説が正しいか（「A」）を明らかにするために調べるべきことなどを整理する。

【ポイント】

　仮説や根拠の整理は個人で行うこともできますが，グループで行うと，予想・仮説を整理する過程で対話が生まれます。学習内容について，自分の考えや疑問を整理することで，主体的な学びを促すきっかけとなります。

③プランC　観察・実験後に対話を行う

❶観察や実験を通して気づいたこと，発見したことを，コミュニティボールをまわして共有する。以下のようなワークシートを用意し，内容に関することと方法に関することを分けて気づきや発見を整理する。

❷「R」のツールを使って，気づきが何に起因するかを掘り下げる。

❸「T」のツールを使って，気づきにあらためて疑問を投げかける。

❹さらに考えたいと思ったことを書きとめる。

【ワークシートの例】

	どうして？ 「R」	気づき・発見	正しい？ 「T」	さらなる 疑問
内容に かかわること				
方法に かかわること				

④プランD　観察・実験後に対話を行う

❶単元の終わりに，学んだことをもとに問いを考える。

❷問いを共有し，1つ選択して，対話をする。

❸対話の後，異なる視点から得られた考えの広がりや変化，さらなる疑問を書きとめる。

4 社会科

【p4c を通して強化したいポイント】
・社会的事象について多角的に問う力を高める
・社会とのかかわり方を考える力を深める
・課題解決を主体的に考える姿勢を育む

①社会的事象について多角的に問う力を高める

　社会科のように調査活動や情報収集の力が重視される教科では，p4c をさまざまな観点から生かすことが可能です。社会的事象の意味を多角的に捉えていくということは，その事象にさまざまな立場の人が関与しているということ，それぞれの立場の人が異なる声を有しているということを認識していくことでもあります。そうした認識を培うために，多様な視点からものごとを捉えることを促す p4c の対話は効果的です。また，深く考えるためのツールを使うことに慣れると，教材理解を深く掘り下げていくことにも役立ちます。例えば，なぜだろうと問い深める「R」や，立場を想定しながら考える「I」などを活用することで，テーマとなる社会的事象の多層的な意味や背景を捉えることにつなげていきます。また，「A」を使って社会に関する思い込みに目を向けることや，それが適切な見方かを「T」を使って問うことも，社会科の学びにおいて重要な視座を育みます。

②社会とのかかわり方を考える力を深める

　社会科では，市民的資質の教育，シチズンシップ教育が重要とされていることから，地域，社会，世界で起きていることを知るだけでなく，それらに

対して自分自身がどのようにかかわりうるかを考える過程が重視されています。つながりが直接的に見いだせない出来事でも，理由を掘り下げたり，枝葉のように広がる影響をたどったりすることで，かかわりを捉えていくことが重要であり，p4cの深く考えるためのツールは，そうした観点から学びを深めるきっかけとして生かすことができます。資料や学習テーマである社会課題についてツールを使って問い深め，社会課題の奥行や広がりを捉える視座を獲得していきます。「I」は，「もし〜なら」という思考も促します。異なる立場に身を置き換えて考えることにつながります。深く考えるためのツールに「比べてみると？」という観点を追加することも，社会科では有効かもしれません。日本と他国，地域ごとの特徴，過去と現在など，比較して考えることへと意識を向けることができます。

③課題解決を主体的に考える姿勢を育む

　社会科の目標には，「よりよい社会を考え主体的に問題解決しようとする態度を養う」ことが掲げられています。問題解決には，問題の多角的な理解とともに，さまざまな立場から想定される解決へのアプローチや，自分たちに何ができるかを構想していく力が求められます。因果関係を整理する分析的な思考とともに，新たな発想を生み出す柔軟な思考も必要となります。こうした思考を育むためにp4cを活用することができるでしょう。

　さらに，実社会の課題解決でますます重視されるようになっているのが対話のプロセスです。例えば，まちづくりや環境保全などの公的な場面において，多様な主体の参加による意思決定が重視されています。異なる声に耳を傾け，意見の相違や対立を超えて共に考えていく力は，民主的な社会を生きる市民として重要な資質であり，社会科教育において対話に従事する機会を積極的に創出することができれば，そうした資質を育むことへとつながっていきます。特にp4cでは，子どもたちが意見を述べるだけでなく，セーフティを高めることの重要性を学び，対話の場づくりの担い手として成長します。対話に満ちた社会の発展につながりうる学びなのです。

「社会科」授業デザインの例

①プランA　単元のはじめに対話を行い，内容を掘り下げる視点を獲得する

❶単元のテーマについて疑問を出し合う。

❷そのなかから問いを１つ選び，対話を行う。（10〜15分）

❸対話のなかで語られた論点をボードに書き出し，子どもがテーマについて
　抱いている考えや疑問を整理する。

❹ボードに書かれたことを「Ｔ」のツールを使って吟味する。

【ポイント】

　単元のはじめに対話を行うことで，これから学ぶテーマについて，子ども
たちの関心や疑問を喚起します。子どもたちの疑問や対話で語られることの
なかには，思い込みや誤解も含まれているかもしれません。ボードに書かれ
た考えや疑問に対して「Ｔ」のツールで「本当だろうか？」と問うことで，
学ぶべきことを整理していきます。単元のはじめに対話をすると，子どもた
ちの関心，疑問，はたまた誤解を踏まえて，授業をデザインすることができ
ます。また，対話を行う時間がなかったとしても，クラスで疑問を共有する
だけでも，テーマを掘り下げる多様な視点を得ることができます。

②プランB　深く考えるためのツールを使って，教材の内容を掘り下げる

❶教科書や資料を読むとき，深く考えるためのツールを用いて，例えば以下
　のような箇所を探して印をつける（44ページ）。

　Ｗ：理解が曖昧な言葉や出来事

　Ｒ：発生経緯が不明な出来事

　Ｅ：具体的な状況を想定して考えたい部分

❷印をつけたところを意識して，疑問の答えを探しながら，単元の学習を進
　める。

【ポイント】

　深く考えるためのツールを使って教材を吟味することは，各自の視点を生かし，内容を主体的に掘り下げることへとつながります。こうした活動を組み込むことで，知識や情報を蓄積する受け身の学びから，より主体的な学びへの転換を目指します。

③プランC　単元の終わりに対話を行い，さらなる探究の視点を獲得する

❶単元で学習したことをもとに疑問を出し合う。

❷そのなかから問いを１つ選び，対話を行う。

❸対話の後，異なる視点から得られた考えの広がりや変化，さらなる疑問を書きとめる。

 ## カリキュラム・マネジメントとp4c

　社会問題をテーマに学習プランを作成すれば，子どもたちは自然と社会に関心をもつ……こうした考え方は必ずしも正しくはないということが指摘されています。そのため，子どもたちとの対話を通して，教師が彼らの関心を捉え，カリキュラムや授業をデザインする「ゲートキーピング」が必要とされており，そうした観点からp4cの対話は有効だと考えられています（田中 2018）。例えば，プランAで示したように，子どもたちは何に関心をもっているのか，どのような思考の習慣があるのか，教室ごとに大きく異なる条件を，p4cの対話を通して把握することができるでしょう。子どもの実態を踏まえ，教科の横断的な連携も視野に，批判的な思考を促す社会科教育の事例が蓄積されつつあります（田中 2019）。

5 国語科

【p4c を通して強化したいポイント】
・言葉の意味に目を向け問い直す力を高める
・思いや考えを話す力・聞く力を高める
・論理的思考力や豊かな想像力を高める

①言葉の意味に目を向け問い直す力を高める

　小学校学習指導要領解説では，国語科の目標である言葉による見方・考え方を働かせるとは，言葉の意味を問い直して，言葉への自覚を高めることであるとしています。これは，哲学をベースに発展してきた p4c の対話においても，とても大切にされてきた視点です。言葉は，思考や表現を支える重要なツールであるものの，私たちは日頃言葉を使うことに終始していて，言葉そのものに目を向ける機会がほとんどありません。言葉の定義を，「辞書を調べればわかること」と固定的に捉えるのではなく，言葉を用いるさまざまな場面を想像しながら掘り下げ，再解釈することを通して，私たちは世界の見方を揺さぶり，新たな理解を獲得していくことができます。

　深く考えるためのツールの「W」は，「どういう意味だろう」と問うことを促すツールで，発言が不明確なとき，理解できなかったときに用いるものです。それと同時に，自分たちが知っている・理解していると思う言葉に対しても，あらためて「W」のツールを用いて，その意味を問い直すことで，新たな気づきを得ることができます。

②思いや考えを話す力・聞く力を高める

　話すことと聞くことは，対話の時間において最も基本的なことです。ただし，セーフティが十分でなければ，子どもたちは，話すことや聞くことに集中して取り組むことができないかもしれません。国語科が求めるコミュニケーション力は，p4c が重視している知的安全性が保たれたコミュニティの醸成によってさらに高めていくことができます。

　話すことと聞くことは，相互連関しながら深まっていくものです。聞くことは，正確に内容を聞き取る力と，相手への興味・関心，すなわち聞きたいという気持ちが重なり合って深まっていきます。対話の場においてセーフティを確認することは，聞き手のまなざしが形成されているかを確認することでもあります。思いや考えを伝え合うことは，伝えたいという気持ちと，伝えるためのスキルの両方を必要としますが，伝えたいという気持ちは，セーフティが確保されることで高まっていくと p4c では捉えています。

　また，聞く力が深まることは，相手の伝える力を引き出していくことにもつながります。深く考えるためのツールは，聞き手として相手の話に細やかな注意を向けることを促します。「それはどういう意味？」「なぜそう思うの？」「例えばどういう場合？」など，聞き手が問いかけることで，話し手は伝える工夫を重ねます。その積み重ねを通して，豊かで論理的な表現が獲得されていきます。

③論理的思考力や豊かな想像力を高める

　深く考えるためのツールを活用することは，論理的に掘り下げる力を高めていくことにつながります。特に，想像力を豊かにめぐらせるうえでカギとなるツールは，推論や連想に目を向ける「Ｉ」です。「もし……だとしたら？」とさまざまな状況を想定し，どのような状況が起こりうるのかを考えていきます。深く考えるためのツールは，対話においてだけではなく，教材を読み解いたり，自分が書いた文章を吟味したりするときにも活用することができます（44ページ）。

「国語科」授業デザインの例

①プランA　教材を読んで問いを出し，対話を行う

❶教材をもとに，共に考えたい問いを出し合う。

❷そのなかから問いを１つ選び，対話を行う。

❸対話の後，異なる視点から得られた考えの広がりや変化，さらなる疑問を書きとめる。

【ポイント】

　国語科の授業では，対話をさまざまな目標と結びつけることができます。対話を通して深めていくことができる目標には，例えば次のようなものがあります。

・教材の内容を深く理解する

・話す力・聞く力を高める

・論理的に掘り下げる力を高める

・言葉そのものに関心をもつ

　深く考えるためのツールを積極的に活用することが，３つ目や４つ目の目標を達成することにつながります。言葉への意識を高めるために，国語科の対話では，「どういう意味？（「Ｗ」）」を意識して使うようにするとよいでしょう。普段何気なく使っている言葉に目を向け，対話を通してその意味を多角的に考えることで，言葉の意味の曖昧さや奥行，言葉によって生まれる可能性と言葉がもつ限界などに気づくきっかけをつくることができます。

②プランB　深く考えるためのツールを用いて教材の読解を行う

❶深く考えるためのツールを使って，印をつけながら教材文を読む。

❷文章全体の構造を把握し，論理的に読み解く。

【ポイント】

　深く考えるためのツールを使って教材を吟味することは，各自の視点を生

かし，内容を主体的かつ論理的に掘り下げることへとつながります。著者の主張はどのようなものか，主張に対する理由（「R」）や根拠（「E」）は示されているか，意味が不明確な箇所（「W」）はないかなど，教材文をクリティカルに読み解くことで，全体の構造を把握し，内容の理解を深めます。

③プランC　深く考えるためのツールを用いて小論文などを吟味する

❶深く考えるためのツールを使って，自分が書いた文章を吟味する。例えば以下のような箇所を探して印をつける。

　W：意味が曖昧な言葉や文章

　R：意見の理由が不明確な箇所

　T：主張の正当性が明らかではない箇所

　E：具体例を挙げて論じた方がよい箇所

❷印を手がかりに，文章を校正する。

【ポイント】

　小論文など自身が書いた文章を俯瞰的に捉えて，表現や内容を吟味することは，より明確な文章を書く力を高めるうえで非常に役立ちます。上述した例のほか，「もし……」と場面を想定して考えをめぐらせる「Ｉ」のツールを使うことを意識すると，想像力を働かせて表現することへとつながります。

Part 2

p4c の
理解を深める

第4章
p4cは「問い」から始まる

1 世界は不思議に満ちていた…

　今日はどんな問いについて考えたいですか？

　対話の時間が始まり，子どもたちにこう問いかけると，彼らは実に多彩な疑問を投げかけてきます。はじめは，どのような問いを出せばよいかわからずにとまどう子もいますが，他の人の発言を聞いて，どんな問いでもかまわないということがわかると，「それなら，私も！」と徐々にたくさんの手が挙がるようになります。「なぜ犯罪や戦争はなくならないのか」「なぜ人間はそれぞれ性格が違うのか」「楽しいときっていつだろう」「科学はどこまで進化するのか」「誰が最初に言葉をつくったのか」「地球には終わりがあるのか」「宇宙の先には何があるのか」……。

　日々の暮らしや学校での学びのなかで，子どもたちはさまざまな疑問を抱いています。問いは，経験と深くつながっています。しかしながら，問いは，想像力をかき立てながら，自分たちが直接経験できない世界へと広がっていきます。世界のはじまり，自分の存在，人間の本性，時間や空間の不思議さ，壮大な自然や宇宙の営みなどについて，簡単には答えることのできないたくさんの問いが生まれていきます。子どもたちの問いに耳を傾けていると，世界は実に不思議に満ちたものだと，私たちは気がつきます。同時に，子どもの頃，自分自身も世界の存在や認識について，さまざまな疑問をもっていたことを思い出します。

　世界の神秘さや不思議さに目をみはる生き生きとした感性を，レイチェ

ル・カーソン（Rachel Carson）は「センス・オブ・ワンダー」と呼びました（カーソン 1996）。子どもたちの世界は，驚きと感激に満ちあふれていて新鮮です。周囲のあらゆるものに興味をもち，夢中になって追いかけていく……ものの形，動き，におい，感触など，大人たちは見向きもせずに通りすぎてしまうことでも，子どもたちは立ち止まって確かめようとします。彼らの豊かな好奇心は，さまざまな感動や発見につながっているのです。しかしながら，残念なことに，私たちの多くは，成長の過程で「ワンダー」を鈍らせています。日常的に起きている環境のさまざまな変化に驚いたり，素朴な問いに思いをめぐらせたりすることは，大人になるにつれて難しくなってきます。

　それはなぜなのでしょうか。成長の過程でさまざまな知識や情報を蓄積して，子どもの頃にもっていた疑問の多くを解決してしまったからでしょうか。それとも，心の中に疑問はあるけれど，そのことについて考える機会がなかったため，問いの存在さえ忘れてしまっているのでしょうか。年を重ねるほどに「不思議」という言葉とは縁遠くなっているということを，私自身強く実感しています。

　私は大学で教えているのですが，授業のなかで，大学生に「不思議に思うことはありますか」と聞いてみることがあります。しかし，小学生の場合と同じようにはいきません。次々と手が挙がることは，ほとんどありません。多くの大学生は，なぜ私がこのような質問をしたのかと，不可解な表情を浮かべます。どのように答えるのが正しいのかと悩みます。なかには「不思議」という気持ちを思い出すことさえ，難しいと感じる人もいます。

　もしかすると「不思議に思うこと」という聞き方が悪いのかもしれません。不思議という言葉とはつながらなくても，わからないこと，聞きたいこと，知りたいことはあるでしょう。そこで，「何か聞きたいことはありますか？　質問はありますか？」と大学生たちに尋ねます。しかし，残念ながら状況はほとんど変わりません。もちろん教師の力量やクラスの規模・スタイルなどにもよりますが，たくさんの手が挙がり，全ての質問を取り上げられない，

誰をあてたらよいか困ってしまうというような状況はほとんどありません。大学生たちが発言せず，多くの場合黙って下を向いているというのは，大学の講義の日常的な風景になっています。

　私がなぜ大学生の状況について話したかというと，本書のテーマであるp4cという教育は，まさにこうした状況，すなわち大学生が問わなくなっているということへの懸念が1つのきっかけとなって始まったからです。

　第1章でもふれましたが，p4cという教育を最初に考案したのはリップマンです。彼は，アメリカの有名な私立大学で哲学を教えていましたが，そのときに次のような経験をします。授業のなかで大学生たちに質問がないか尋ねたところ，「試験はいつですか」「どんな問題が試験に出るのですか」といった質問ばかりで，授業内容の本質に迫るような問いが出てこなかったのです。哲学の真髄は，考えることであるというのに……。

　問いをもつことは，哲学という学術分野のなかだけではなく，あらゆる学問において重要なはずです。問いは，知りたい，理解したいという気持ちの源泉でもあるからです。問う意欲が低下しているということは，学びが受動的になったり，形骸化したりすることにもつながります。リップマンは，大学生が問わなくなっているという状況に強い危機感をもち，大学の教育改革にとどまらず，初等・中等教育の充実化を考え始めます。考えることそのものに焦点をあてた授業を学校教育に組み込むべく，哲学を生かして独自の教育プログラムを開発していったのです（Naji 2005）。

　「哲学を生かした教育」と聞いて思い浮かぶことは，人によって異なるでしょう。p4cという教育において，「哲学」がどのように捉えられているかについては後で述べることとします。ここでは，p4cが追求する哲学を理解するための言葉を1つ挙げておくことにします。その言葉は，冒頭にも出てきた「ワンダー」です。古代ギリシャの哲学者プラトンは，「ワンダー」が哲学の始まりであると言いました。英語の「I wonder…」というフレーズは，疑問を表現するときの言葉です。また，ワンダーには，「不思議に思うこと」の他に「好奇心をもつこと」という意味が含まれています。知りたい

というポジティブな姿勢が象徴されています。いかにワンダーを育み，探究心を高めていくかが，p4c が掲げてきた重要な目標の１つです。

　ワンダーは，学ぶという行為のエンジンのようなものです。しかしながら，探究の源泉であるワンダーは，必ずしも重視されてこなかったのではないでしょうか。「問うこと」ではなく「答えること」ばかりに教育の焦点があてられてきました。成長の過程で不思議に思う気持ちが薄らいでいくのは，ある意味自然なことという見方もあるかもしれません。私たちは日々さまざまな情報，知識を収集・蓄積しながら生きているからです。学ぶことを通して，わからなかったことが，わかるようになり，新たな理解を得ることができます。理解が深まれば，不思議は解決されていくという考え方もあるでしょう。しかしながら，カーソンは次のような言葉を残しています。

　　　もしも私が，全ての子どもの成長を見守る善良な妖精に話しかける力をもっているとしたら，世界中の子どもに，生涯消えることのない「センス・オブ・ワンダー＝神秘さや不思議さに目を見はる感性」を授けてほしいと頼むでしょう。

　　　この感性はやがて大人になるとやってくる倦怠と幻滅，私たちが自然という力の源泉から遠ざかること，つまらない人工的なものに夢中になることなどに対する，かわらぬ解毒剤になるのです。　　　　　（カーソン 1996, 23）

　カーソンは，「知ること」は「感じる」ことの半分も重要でないと語ります。そして，感激や感動を分かち合うことこそが，教育の基盤にあると考えました。彼女は，知識を習得していくことを軽視しているわけではありません。知識や知恵が常に成長し続けるものであるためには，世界を不思議に思う気持ちや知りたいという欲求にあふれる知の土壌が必要だと考えているのです。理解を深めていくことは，必ずしもワンダーを失うことに直結しているとは限りません。疑問をもたなくなるということは，知識を得るということの結果ではないのです。ワンダーが育まれていれば，世界について知れば知るほど，「なぜ？」がふくらんでいきます。

　問いの豊かさは，ワンダーと深くつながっています。次から次へと浮かん

でくる子どもたちの問いがいつまでも生き生きとしたものであるためには，学校教育のなかで，問いそのものを大切にする視点も必要なのではないでしょうか。現に，学びの過程で「問い」がもつ働きに十分に目を向けてこなかった結果，私たちの多くが問う力，そしてワンダーを失ってしまっています。そこで，子どもたちのワンダーと，そこから生まれる問いを大切にしながら，p4c の実践者たちは学校教育に取り組んできました。

❷ philosophy とは

　p4c の p は「philosophy（フィロソフィー）」を指します。この言葉は，日本語で「哲学」と訳されることが多いです。しかし，日本語の「哲学」という言葉は，英語の「philosophy」の意味を包括的に表してはいません。p4c がどのような教育かを伝えていくときに，はじめに大きな誤解を生むものが「philosophy／哲学」という言葉の解釈です。

　日本語に「哲学」という言葉が登場したのは，19世紀後半のことです。西欧の学問を学ぶためにオランダに留学した西周が，philosophy を「賢哲を希求する」という意味で「希哲学」と訳したことに由来します。もともと「哲学」は，形而上学，論理学，倫理学などを含む，学問領域としての philosophy の訳語としてつくられた言葉でした。「『哲学』と聞いて，どのようなイメージをもちますか」と尋ねると，「難しい」と答える人が多いです。こうした語源を踏まえると，「哲学」に「難解な学問」というイメージを抱くのは，自然なことだと思います。

　では，英語の「philosophy」はどうでしょうか。ジャクソンは，ハワイという地域で p4c のペダゴジーを発展させていくなかで，教育者や保護者の多くがこの言葉に対して，あまりよいイメージを抱いていないことを痛感したと言います（Jackson 2013, 108）。特に「philosophy」が「子ども」とつながったときに，一層不可解に見えるということでした。「子ども」のやわ

らかなイメージとは対照的に，philosophy には，日常の経験や関心から乖離
している難解なものという印象があるからです。そのため，philosophy を子
どもたちの教育に生かすという考え方に対しても，不適切だという見方さえ
ありました（同掲）。

　また，ハワイのカイルア高校の教師は，この高校で働き始めたときに経験
した p4c との出会いについて次のように語っています。国語（English）担
当の教師として採用されたその女性は，「国語科ではみんな p4c の手法を使
って教えている」と同僚が話すのを聞いて，はじめは困惑したと言います。
もちろん新たな学校で教育を始めることへの緊張感もあったようですが，彼
女は「philosophy」という言葉を聞いて怖くなったそうです。それまでは学
校全体の教育戦略にもとづいてカリキュラムをつくることはあっても，自分
自身の教育の philosophy を他者と共有したことがなかったからです
（Lukey 2013, 43）。「philosophy」は，学術分野としての哲学だけでなく，世
界観，信条，思想を意味する言葉でもあります。この高校教師は，
philosophy を後者の意味で捉え，自分自身の教育観を他の教師と共有するこ
とについて，最初はとまどいを感じたのです。

　では，p4c の philosophy は何を意味するのでしょうか。この言葉には，
難解な学問，揺るぎない信条という２つの意味に加え，ギリシャ語の
philein（愛する）と sophia（知）に由来する「知を愛する」という意味が
あります。知を愛するとは，知識そのものに執着すること，あるいは，知っ
ていることを自慢に思うことではありません。知を愛するとは，もっと知り
たいと思い，さらに広く深い知を求めていく探究を意味します。知を求める
ためには，「わからない」ということを自覚する必要があります。ソクラテ
スが，自身の生き方を描写するために用いていた言葉に「無知の知」という
ものがありますが，まさにこの言葉が philosophy の根底にあると言えます。
すなわち，人は知らないということを認識しているがゆえに，知識を求めよ
うとするのです。

　もちろん，私たちは，日々の営みのなかで，さまざまな情報にふれ，それ

らを吸収し、知識や考えを構築、蓄積していきます。なので、「知っていると思っていること」に対しても、「なぜ？」「本当？」と問うことができれば、固定観念を揺さぶり、誤解を是正しながら、新しい知を獲得することができるはずです。

　では、philosophy の先には何があるのでしょうか。知恵を愛し求めた結果、知識を得て有識者——ソフィストになるのかというと、そういうわけではありません。philosophy に従事する人（フィロソフォス）は、さまざまな角度から世界の事象に光をあてて新たな理解を構築していく「探究の営みそのもの」を大切にします。したがって、探究の先にはさらなる探究が続きます。

　人は知識を得ると、その知識に縛られがちです。しかし、philosophy という営みでは、ときには自分が知っていると思うことにも疑問を投げかけ、思考の枠を揺さぶります。当たり前だと思うことを問い、問いそのものを問い直し、問いを考えるなかで新たな問いを生み出して、徐々に知を構築していくわけです。こうした過程を経て生み出された知は、また問いかけの対象となり、揺さぶられます。p4c の p が象徴するのは、こうしたダイナミックな知の探究のプロセスです。

　このように philosophy を解釈すると、philosophy は、必ずしも問う力に優れた一部の人だけが勤しむことではありません。少なくとも p4c では、philosophy を全ての人に開かれたものとして捉えています。「全ての人」のなかには、もちろん子どもたちも含まれています。p4c の関心は、子どもたちがもつ「ワンダー」が色あせることのないように、教育のなかでの探究の場を構築していくことです。探究を通して、世界のさまざまな事がらを問い深め、新たな理解を生み出していく力を育むことです。子どもだってphilosophy ができるというだけでなく、思考の枠組みに束縛されていない子どもだからこそ philosophy ができるという考えが、p4c の根底にあります。

③ 問いから始まる探究

　探究するという行為は，学びの原点とも言えます。探究とは，知りたいという気持ちに身を委ね，さまざまな角度から物事を吟味することです。答えを出すことが難しい疑問にも真剣に向き合い，「なぜ？」と繰り返し問いながら，ときには自分が当たり前だと思っていることを揺さぶりながら，新たな理解や知識を生み出していきます。学校が，子どもたちにとって最も重要な学びの拠点であるとするならば，探究力を育むことは，教育の重要な課題であると言えるでしょう。philosophy を教育に組み込むということは，この探究の営みを学びに生かそうとする試みです。

　「探究」は，日本の教育政策において，新しいコンセプトではありません。例えば，総合的な学習の時間の学習指導要領では「探究的な学習」が目標として掲げられています。探究とは，「自ら学び，自ら考えること」と定義されており，受け身の学習ではなく，子どもたちの主体性を重視した教育の推進を示唆する言葉です。しかし，こうした教育の枠ができただけでは，子どもたちの主体的な学びが促進されるとは限りません。教育者にとって気がかりなのは，探究をサポートするための適切な環境づくりをどのように進めていけばよいのかということです。一体どのような工夫をすれば，探究的学習を展開することができるのか，そのための具体的な取り組みを教師たちは模索しているのです。

　探究に焦点をあてた学びのアプローチとして p4c が重視してきたのは，「問い」を大切にすることです。ワンダーから生まれる多彩な問いが学びの源泉にあるという考えのもと，p4c では問いを核とした学びのプロセスを構築してきました。問いを通して，「わからない」「どうして」「不思議だ」という気持ちをふくらませ，「もっと知りたい，考えたい」という欲求へとつなげていくのです。もちろん，問い自体は学校教育において，目新しいもの

ではありません。子どもたちは日々，教師から課せられた様々な問いに取り組んでいます。

　それでもなお，p4c があえて「問い」の重要性を強調する背景には，この教育が重視してきた「問い」が，これまでの学校教育で子どもたちに課してきた問いとは大きく異なるという理由があります。p4c で考える問いの特徴には，主に次の2点があります。第一に，考えても答えを出すことが難しそうな「開かれた問い（open questions）」を考えるということ，第二に，子どもたちの問いを大切にするということです。

　第一の特徴，問いが開かれているということは，一体何を意味するのでしょうか。リップマンと共に哲学探究の教育研究に従事してきたローレンス・スプリッター（Laurence J. Splitter）とアン・シャープ（Ann M. Sharp）の考えを見てみましょう。問いがオープンかどうかを定義づける条件として，彼らはまず次の3点を挙げています（Splitter and Sharp 1995, 54）。
①特定の答えが存在するかどうか
②問いを出した人，あるいは答える人が答えを知っているかどうか
③競合する複数の答えが存在するかどうか

　これら3つの条件には重要な共通点があります。問いから導かれる「答え」に着目して，問いが開かれているかどうかを判断しているということです。答えが明白な問いならば，オープンな問いとは言えません。さまざまな答えがある可能性があるからこそ，私たちは自由に考えることができるわけです。したがって，答えが明白であるかどうかは，問いが開かれているかどうかを規定する重要な条件です。

　スプリッターとシャープは，「オープンな問い」の性質を，これらとは異なる視点からも捉えていくべきだと考えています。彼らが着目するのは，問いの答えではなく，問いそのものをどのように捉えていくかということです。1つの問いからさまざまな問いが展開することが許されているかどうかが，問いが開かれているかを判断する重要な条件だとスプリッターとシャープは主張しています（同掲）。有機的に展開可能な問いとなっているかどうかと

いうことです。

　問いは，多彩な探究の可能性を生み出す力をもっています。しかし，問いを固定的に捉えると，そこからの発展の可能性が限定されてしまいます。いくら「答えが存在しない問い」や「競合する複数の答えがある問い」について考えていたとしても，探究のプロセスが最初に提示された問いの答えを出すことのみに制限されている場合，問いが開かれているとは言えないということです。探究の目標は，必ずしも答えを導くことではありません。p4c では，1つの問いから新たな問いを生み出し，問うという行為を積み重ねながら，探究を進めていきます。

　例えば，「言葉というものがなかったらどうなるか」という問いからは，「言葉とは何か」「なぜ言葉が必要だと思うのか」「言葉が『ない』というのはどのような状態か」「言葉がない世界を想像できるか」など，さまざまな問いが派生的に生まれる可能性があります。最初の問いの答えを出すことだけが目的となると，探究が進む方向性は限られてしまうでしょう。問いが開かれているということは，思考が有機的に発展していくための大切な条件なのです。1つの問いをきっかけに，その答えを探究する過程で新たな問いが生まれ，さらなる探究が続いていく……ある問いについて考える過程で生まれるさまざまな疑問と対峙することで，最初の問いについても理解が深まっていきます。

　「開かれた問いを考える」ということは，p4c の問いの第二の特徴である「子どもたちの問いを大切にする」こととも深くつながっています。問いが開かれているということは，子どもたちの自由な問いの展開を許容することでもあるからです。

　p4c では，子どもたちが考えたい問いを共有し，その日の探究のテーマをクラス全員で選んでいきます。興味がなければワンダーは喚起されません。重要なのは，子どもたちが面白いと感じる問いをテーマとして取り上げ，考えを掘り下げていくことです。彼らが関心のある問いをテーマにすれば，「もっと知りたい，聞いてみたい」という欲求が生じ，さまざまな考えやさ

らなる問いがわき上がるはずです。

　子どもたちの問いを重視して学びのプロセスをデザインすることは，学校教育における大きなチャレンジです。例えば次の3つの懸念が想定されます。

　第一に，子どもたちの問い，あるいは有機的な問いの発展を重視する場合，学習のコンテンツを教師が完全にコントロールすることができません。一般的な授業では，子どもたちが取り組む課題は，教師が事前に用意します。子どもたちの意見交換を中心に進めていくスタイルの授業でも，発問は教師が行うことが多いでしょう。落としどころの決まっていない授業では，何を教えるべきか，内容を事前に決めることができないのではないかという疑問が浮かびます。もし，答えが定められないだけでなく，子どもたちが問いそのものをつくり出していくような授業を行うとしたら，授業を綿密に計画するのは不可能になってしまうのではないかという不安が生じるでしょう。

　第二に，評価の難しさです。学校教育の多くの場面では，問いに対して正しい答えを導くことができるかどうかで，子どもたちの能力を評価することが多いですが，正しい答えがわからないような問いについて考える授業では，評価が難しくなるように思われます。開かれた問いを考えるということを通して，一体どのような力を評価できるのでしょうか。

　第三に，子どもたちは，適切な，あるいは効果的な探究の問いを設定することができるのかという不安もあるでしょう。通常の授業では，子どもたちの学習効果を高めるために，教師が注意深く問いを設定しています。対話のテーマとなる問いをつくり，そして選ぶことを，子どもたちに委ねる場合，教師は同様の準備をすることができません。子どもたちが「不明瞭な問い」や「的外れな問い」を選んだとしたら，考えが深まらなかったり，とまどいや混乱を生み出したりするのではないかという懸念があります。

　こうした疑問や懸念を踏まえながらも，p4cでは，子どもたちの問いから探究を始めることを重視しています。なぜなら，問うという行為が，探究のプロセスにおいて極めて重要なものであるからです。問うことは，探究の源泉です。問う力を高めていくことを十分に尊重しなければ，ダイナミックな

探究力は培われないでしょう。もちろん，子どもたちが提起する問いのなかには，不明瞭で，混乱を招くようなものもあるかもしれません。しかし，問いとはそもそもそれほど明瞭なものではないのかもしれません。『はじめて考えるときのように』という著書のなかで，野矢茂樹は次のように述べています。

> 学校でやらされていた問題などは，問いのかたちがはっきりしていて，きちんとした答えがあることが保証されたものだった。だけど，ぼくらがしばしば出会う問題はぜんぜんそうじゃない。答えがあるかどうかもはっきりしないし，だいいち，どういう問題なのか，問いのかたちがはっきりしないのだ。

（野矢 2004, 52-53）

　私たちが直面する実社会の問題が，形や答えのはっきりしないものであるならば，そういう問いと対峙していくことこそ，実践的な探究力の向上につながるのではないでしょうか。問いが不明瞭なのであれば，問いそのものを問えばよいわけです。

④ 探究にふさわしい問いとは？

　「開かれた問いを考える」ということと「子どもたちの問いを大切にする」という２つの条件は，しばしばぶつかり合うことがあります。子どもたちが探究のテーマとして選ぶ問いが，必ずしも（少なくとも一見したところ）答えを出すことが難しい問いとは限らないからです。子どもたちに「みんなで考えたい問いは何ですか」「答えがなかなか見つからなさそうな疑問はありますか」と聞くと，彼らは多種多様な問いを投げかけてきます。彼らが共有する問いのなかには，教科書を見れば，あるいは人に聞けば答えがわかるのではないかと思われる問いも含まれています。例えば，「どうして雪は降るのか」「どうして海の水はしょっぱいのか」「なぜせっけんは泡が出るのか」などの問いは，教師にとっては「答えのある問い」「科学的に説明がつく問

い」のように見えます。答えはあるのだから，いくら自由な探究をといっても，限界があると感じるのではないでしょうか。子どもたちの問いを大切にすることと，哲学的な問いを追求することの，どちらを優先させるべきなのだろうかと迷うかもしれません。

　探究にふさわしい問いとはどのようなものか，子どもたちと共に考えることも，p4c の重要な学びです。したがって，教師によっては，探究に向いている問いとそうでない問いを区別する過程を，授業のなかに組み込むことがあります。探究を始める前の「問いの仕分け」です。例えば，子どもたちが考えたさまざまな問いを，「調べれば答えがわかりそうなもの」と「調べても答えがわからなさそうなもの」に分け，後者のなかから探究のテーマを選んでいくわけです。もちろん，資料を調べたら答えがわかりそうな問いはどれかを判断することは，低学年の子どもたちにとっては難しいかもしれません。例えば，「どうして雪は降るのか」という問いは，理科の授業で水の性質の変化を学ぶ 4 年生未満の子どもたちにとっては未知なる現象かもしれませんが，それ以上の年齢の人にとっては「正しい答え」を有しているように見えます。習得した知識の量によって，どの問いが調べたら答えがわかるものなのか，判断が難しい場合があります。

　問いを仕分けるというプロセスは，難しいだけでなく，リスクもあります。問いの形にこだわりすぎると，子どもたちの純粋な「知りたい」という気持ちがゆがめられてしまう可能性があるからです。どのような問いが探究のテーマとしてふさわしいかを強調しすぎると，「よい問い」をつくらなければということを意識しすぎて，心の中の「ワンダー」を置き去りにしてしまう可能性があります。また，自分にとって興味深い問いが「探究にふさわしくない」と判断されたとき，どのような気持ちになるでしょうか。

　子どもたちとの対話を重ねるなかで，私がたどりついた考えは，探究の問いはどんなものでもかまわないということです。日々の体験を通して抱いた問い，学校での学びのなかから生じた問い，さまざまな問いが探究の出発点となります。答えがありそうな問いでも，そこからさまざまな問いが派生し，

想定外の面白い探究へとつながる可能性があるでしょう。スプリッターとシャープが指摘する通り，問いが開かれたものであるならば，問いそのものを問い深めたり，問いについて考えていくなかで新たな問いを生み出したり，有機的に探究を展開することができるのです。子どもたちが，自らの興味と感性をもとに，問いを自由に考え，選ぶことが重要なのです。

　子どもたちの問いと向き合うときに覚えておくべきことは，問いとは，言葉で示された内容以上の意味をもっているということです。問いは，好奇心，不安，怒り，喜びなど，さまざまな思いがこめられたものであり，子どもたちの問いを大切にしていくということは，そうした思いに寄り添っていくことでもあります。

　子どもたちの問いについて，私がこのように考えるようになったのは，問いを考えていくときに広がる彼らの好奇心あふれる表情に接する機会が増えたからです。例えば，仙台市内の小学校で，３年生の子どもたちと対話の授業を行ったときのことです。子どもたちが普段から疑問に思っていることを出し合い，探究のテーマを１つ選びました。子どもたちが選んだ問いは，「地球はいつつくられたのだろうか」というものでした。この問いからどのような探究が展開できるのでしょうか。対話の輪の中に入っていた私は，正直なところ不安になりました。地質学の研究では，地球は46億年ほど前に誕生したと推測されています。科学的には，１つの答えが示されているわけです。まだ学校の授業で地球の歴史を学んでいない小学校３年生にとって，地球の誕生は未知のことかもしれませんが，教師の視点から見ると，この問いは「資料を調べたらわかる問い」の部類に入るでしょう。そうであるならば，この問いは探究のテーマとしてふさわしくないのでしょうか。

　「地球はいつつくられたのだろうか」という問いの意味を理解するためには，この問いを選んだ子どもたちが，一体どのような思いを抱いていたのかを想像する必要があります。いつからか，私たちは，答えばかり求めるようになってしまったような気がします。しかし，問いは答えるためにあるとは限りません。１つの問いから，さまざまな不思議が無限に広がっていく可能

性があります。子どもたちは，そもそも，この問いの答えを知りたいわけではないのかもしれません。言い換えると，この問いは，子どもたちにとって，正解にたどりつくための「科学の問い」ではないのかもしれません。もしかしたら，地球が46億年前に誕生したという答えにたどりつくことでは，満足しないのかもしれません。自分たちが暮らす壮大な地球が誕生したのはいつのことか……想像を超える出来事に思いをはせ，あれこれと考えてみる……問いがかき立てていくワクワクした気持ちに身を委ねて考えてみたいのではないでしょうか。46億年というひとことでは語りきれない驚異が，この問いを選んだ子どもたちの心にあるのではないかと，私は考えるようになりました。

　3年生と「地球はいつつくられたのだろうか」という問いを探究した日，同じ学校の5年生とも対話をする機会がありました。同じように，問いを出し合って，その中から探究の問いを選んだところ，「何千年後かに地球は滅びる？」という問いが選ばれました。偶然にも，またもや地球の存在についての問いでした。3年生は過去，5年生は未来に目を向けたわけです。しかし，同じ地球についての問いでも，それぞれの問いにこめられている子どもたちの気持ちは同じではありません。5年生の問いの背後には，大きな不安があります。地球が滅びるかもしれない。そのときは人間も滅びてしまうのか。子どもたちは，漠然とした不安や，生き延びたいという気持ちを語り合いました。ファシリテーターとして参加していた私自身，子どもの頃にさまざまな環境問題のニュースを聞いて，「地球が壊れたらどうしよう」という不安を抱いていたことを思い出しました。不安や恐れを共有することで，気持ちが少しずつやわらいでいく……それぞれの胸に閉じ込められていた思いを語ることで，未知の恐怖と対峙する勇気が生まれてくるようでした。

　問いには，多彩な感情が宿っています。子どもたちの問いを大切にするということは，問いの根っこにあるさまざまな気持ち，すなわち，驚異，ワクワク，不安，希望，面白さなどとじっくり向き合うことでもあります。こうした観点から問いを捉えると，一見答えがあるように見える問いでも，「調

べれば答えがわかる問い」として切り捨てることなどできません。教師に求められることは，問いに宿る感情に寄り添いながら，それぞれの問いがもつ探究の可能性を，子どもたちと共に切り開いていくことなのです。

第5章
探究のコミュニティを育む

① 他者と共に考える—対話からの学び

　p4c の目指す教育について理解を深めていくために，この教育が目指す「考える」とはどのような行為を意味しているのかを掘り下げてみましょう。「『考える』って一体何をすること？」と聞かれたら，みなさんはどのように答えるでしょうか。この言葉から，どのような行為をイメージするでしょうか。

　「考える」ことは，あまりにも身近で，日常的な行為のため，あらためて定義しようとするとなかなか困難です。私たちは，生活のさまざまな場面で「考える」ことに従事しています。晩ごはんに何を食べるかを考えたり，側にいる人の気持ちを考えたり，最も効率的に仕事をすませる方法，ときには人生の意味なども考えたりするのではないでしょうか。これらの「考える」は，同じ行為を指すのでしょうか。それとも，異なる意味をもつのでしょうか。学校で教師が子どもたちに「よく考えましょう」と言うとき，それは具体的に何を意味しているのでしょうか。あらためて，さまざまな場面での「考える」を考えてみると，この行為を説明することの難しさを実感します。

　「考える」という行為のイメージに大きな影響を与えたものの1つに，オーギュスト・ロダンの「考える人」という彫刻があります。岩の上に腰かけた裸の男性が，右手の甲にあごをのせ，うつむきかげんでひとり思索にふける姿が表現されています。ロダンは，男性の頭のなかで思想が豊かにふくらみ確かなものとなっていく様子，思索から始まる創造力をこの彫刻を通して

表現したと言います。しかし，創造力の表現以上に強いイメージを与えたのは，考える人の姿そのものではないでしょうか。考えるとは，ひとりでじっくり行うことだという印象が，強いビジュアルイメージとともに多くの人の心に刻み込まれました。

　では，考えるとは，孤独に悶々と思索することなのでしょうか。少なくとも，伝統的な教育システムでは，ひとりでじっくり考えるということの価値が，学ぶ者の基本姿勢として重視されてきたように思えます。子どもたちの役割は，教師の話をしっかりと聞き，得た知識や情報をもとに各自課題に取り組むことだと考えられてきました。例えば，こうした教育観は，学校における学習空間のレイアウトによく表れています。アメリカの教育哲学に大きな貢献をしたジョン・デューイ（John Dewey）は，興味深いエピソードを書き残しています。

　デューイは，シカゴ大学の附属小学校（ラボスクール）の創設者として知られています。彼は，子どもたちの体験の多様性を重視した教育を実現したいという思いをもっていました。その思いを実現するべく，ラボスクールの学習環境にふさわしい机とイスを，シカゴ市内の学校用品店に探しに行ったそうです。しかしながら，どの店にも自分の希望に合致するものはありませんでした。その際に，ひとりの店主が彼に向かって言ったのは，学校用品は先生の授業を聞くためにつくられているということでした。通常の教室には，机が直線的に整然と並べられています。机は同じ大きさで，その上に本と鉛筆と紙を置くことができればよいとされてきたのです（デューイ 1998）。デューイが，当時典型的だった教育観について疑問を投げかけたのは，19世紀の終わりから20世紀のはじめにかけてですが，21世紀の現代においても，彼の指摘は，新鮮なメッセージを含んでいます。100年以上も同じような課題が議論されていることは，少し残念な気がします。もちろん，学校教育の考え方は時代とともに変化していて，孤独に悶々と思索することだけが「考える」ということではないという見方が教育現場でも広がっています。共に考えることの重要性が認識されるようになり，ディスカッションやグループ学

習を組み込んだ共同思考を促すカリキュラムづくりが推奨されるようになりました。教育スタイルの変化に伴い，学習空間の考え方も大きく変化しました。オープンスペースの確保やグループ机の設置など，目的に応じて環境を変化させられるように工夫している教室が増えています。

　p4c が焦点をあててきたのも，共に考えることの大切さでした。そのため，p4c の教育メソッドは，「対話・ダイアローグ」というコミュニケーションを基盤として発展してきました。対話では，異なる視点からの考えや疑問が共有され，重なり合い，ひとりだけでは気づくことができない多様な側面からものごとを吟味していくことができます。対話を通して，その場にいる一人ひとりが視点の多様性を実感し，理解を深化させていくことを，p4c という教育は目指しています。

　では，そもそも「対話」は，その他のコミュニケーションの形，例えば，「会話」「ディスカッション」「ディベート」などとどう違うのでしょうか。対話というコミュニケーションの特徴について，3 人の思想家は次のように述べています。

　ドイツの教育哲学者であるオットー・フリードリッヒ・ボルノー（Otto Friedrich Bollnow）は，真理を探究していくプロセスには他の人間の助力が必要であるとし，対話こそがそのために不可欠なアプローチだと述べました。独白的な思考ではなく，他者との共同的思考によって，固定的な見解が解体され，深い洞察に達することができると言います（ボルノー 1978, 196）。このような特徴をもつ対話は，参加している人たちがそれぞれの認識にチャレンジすることを必要とするため，ディスカッションやディベートとは異なるコミュニケーションとして特徴づけられています。

　物理学者でありながら対話をめぐる哲学的考察でも名を知られるデヴィッド・ボーム（David Bohm）は，ダイアローグという言葉が，「言葉（logos）」を「通して（dia-）」を意味する dialogos に由来すると説明しています。人びとが，言葉を介して視点を共有していくことで，意味が生み出されていくというイメージがこの言葉に含まれています。一方，ディスカッション

（discussion）は，衝突を意味する percussion や，衝撃を意味する concussion と同じ語源を有し，物事を分断するという意味を含んでいます（Bohm 2004, 6-7）。日本語では，「ディスカッション」は「話し合い」を意味する言葉として使われることが多いですが，立場や見解を分けていくという対立的なニュアンスが，この言葉に内在しているのです。また，ディベート（debate）は，異なる立場を競わせるコミュニケーションであり，戦うことを意味する battere に由来します。

　対話という言葉の意味の大きな特徴は，「異なる意見を対立させること」を示唆していないということです。ボームは，「対話では誰かが勝とうとしているのではない。誰かが勝てば，みんなが勝ったことになる」と述べており，対話が協働的・創造的営みであることが強調されています（同掲，7）。

　もちろん，「対話」は，単に言葉を交わす「会話」とも異なります。ウィリアム・アイザックス（William Isaacs）は，「会話」というコミュニケーションが，「対話」へと発展していく過程で，「熟考（deliberate）」が働き始めると言います。deliberate という言葉は，「検量する」という意味を含み，言葉で交わされた情報に対して何らかの価値判断を加えることを示唆します。アイザックスによると，熟考のプロセスに人びとがどのような姿勢で臨むかということが，対話の展開に大きく影響します。彼が強調するのは，「サスペンド（留保する）」，すなわち自分の信念や考えを横に置いて，異なる声に耳を傾けていくことの重要性です（Isaacs 1999, 37）。留保することの対極にあるのが，「ディフェンド（防御する）」です。防御とは，他者の批判をかわし，自分の主張の正当性を示そうとすることであり，その根底には「自分の考えは正しい」という確信があります。

② サスペンド：異なる見方に心を開く

自分の考えに執着していると，私たちは異なる意見と出会ったとき，それ

らを退けて，自分の考えの正当性を示そうとします。ときには，相手を理解しようとすることさえやめてしまいます。もちろん，他者と意見を交わすなかで，受け入れられない意見にも対峙するでしょうし，自分の確固たる主張を示さなければならない場面もあるでしょう。しかし，サスペンドができなければ，「考える余地」は生まれてきません。言葉の海を泳ぎながら哲学する可能性も消えてしまいます。「対話」というコミュニケーションを展開するためには，異論を，別の視点からものごとを捉える契機として，そして新たな理解を生み出す契機として認識していくことが大切です。立ち止まり，少し下がって状況を見て，新たな目でものごとを掘り下げていくこと，すなわち方向性を変える可能性がサスペンドという姿勢に含まれています（同掲，135）。

　サスペンドは，聞き手と話し手の双方に必要な態度です。いかに他者の意見に耳を傾けるかということだけでなく，どのように自分の考えを相手に伝えるかを考える必要があります。さまざまな根拠を並べて正当性を示すような主張を続けるだけでは，反論の形成にはつながっても，共に考えるようなコミュニケーションは生まれてきません。自分の考えを1つの視点として提示していく工夫をすることが，対話の展開へとつながっていきます。

　真理を探究するアプローチとして，対話の役割を重視してきたボルノーも，同様の点を指摘しています。彼は，自身の誤りの可能性を認めつつ，意見を留保して相手の声に耳を傾ける対話というコミュニケーションが成熟していくためには，話し手と聞き手の双方が共に成長していく必要があると述べています。ボルノーは，話し手と聞き手，それぞれの立場に必要な力を次のように説明しています。まず，話し手にとって必要なのは，率直に心を打ち明けて話すことができるということです。相手を信頼して，心を開き，自分の考えを共有していく勇気が必要となります。一方，聞き手は，自身の意見の方が優れているという考えを取り除き，他者の異なる意見を受けとめていくことができるようにならなければなりません。他者との比較において自己の立場の優越性を確認するような見方を放棄し，他者を同等の権利をもつ相手

として承認していく必要があるとしています（ボルノー 1978, 120）。

　アイザックスとボルノーに共通している考えは，対話というコミュニケーションが成立するために最も重要なことは，表現や議論のスキルではなく，他者の異なる視点を知ろうとする気持ち，そして異なる視点を知ることで自らの考えを変化させていこうとする姿勢だということです。すなわち，他者とどのようにかかわるかということが対話を展開するためのカギであるわけです。ボルノーが「他者を同等の権利をもつ相手として承認する」と述べていることからも示唆される通り，対話というコミュニケーションは，人びとの間で対等な人間関係を構築していくということを含んでいます。人が集まり言葉を交わし始めたら対話が自然に展開するとは限りません。フラットでオープンな関係をいかに構築していくかが，対話を深めていくために必要なことなのです。

　対等な人間関係の構築は，場合によっては非常に難しいことです。学校という環境では，特にそうなのではないでしょうか。教師と子どもの間には，立場の違いだけでなく，ヒエラルキーが存在しています。前者が指導者として後者を導くという関係です。指導者である教師は，子どもたちのわからないことについて，正しく適切な回答を示す必要があると考えます。子どもたちの前でわからないと言うのは恥ずかしいし，間違ったことは教えられないという大きなプレッシャーがあります。もちろん，こうしたプレッシャーは，教師に限ったものではありません。「大人」と「子ども」の間には，同様のヒエラルキーが存在しているのではないでしょうか。大人は子どもを前にすると，経験を積み重ねてきた者として，子どもに何か教えたいという気持ちになるものです。対話において対等な関係を構築するということは，教師と子ども，あるいは大人と子どものヒエラルキーをほぐしていくということでもあります。対話教育に取り組むガレス・マシューズ（Gareth B. Matthews）は，「哲学をするときには，大人たちは知っているふりをするのをやめる必要がある」と述べています（Matthews 1994, 13）。大人には，子どもたちと対等な立場で共に考える勇気をもつことが求められるのです。

もちろん，対等な関係づくりは，子どもたちにとっても大きなチャレンジ
です。子どもたちの間には，複雑なパワーバランスが存在しています。クラ
スには常にリーダー的な役割の子がいるものですし，「自分はできない」と
強い劣等感を抱いている子も存在します。クラス内に「できる子」と「でき
ない子」の差がある以上，差を超えてフェアな発言の機会を構築することは，
対話が成立するための重要なステップです。子どもたちの間のヒエラルキー
を取り除き，全ての子どもたちが「発言したい」と思えるような場をつくる
ことが，対話が展開するうえで重要な条件となるのです。もちろん，発言を
無理強いすることはあってはなりませんが，話したいという気持ちがあった
ときに，ためらうことなく声を共有できる基盤が対話においては不可欠なの
です。そのため，p4cという教育では，対話にふさわしいコミュニティづく
りを，探究に不可欠な基盤として重視してきました。

③　探究のコミュニティとは？

　対話を通して思考を深めていくためには，まず，対話にふさわしい人間関
係の構築が必要です。いろいろな考えをもつ人びとが集まり，考えを吟味し
合う1つのコミュニティを形成することが，対話の深化へとつながります。
こうした観点から，リップマンは，「探究のコミュニティ（community of
inquiry）」をいかに育むかが，p4cという教育の重要な目標の1つだと考え
ました。探究のコミュニティというコンセプトは，もともとチャールズ・サ
ンダース・パース（Charles Sanders Peirce）によって提唱されたものです。
パースは，さまざまな観点から吟味を重ね，新たな知見を蓄積していく科学
者の集団を，この言葉で表現しました（Peirce 1877）。その後，科学の分野
に限らず，人びとと協力しながら探究することの重要性を示唆する言葉とし
て，広く用いられるようになっています。
　探究のコミュニティは，異なる視点から未知の問いについて掘り下げてい

くために，多彩な考えを共有し合うことから形成されていきます。異なる考えをもつ人が存在しているというだけでなく，声を共有するのにふさわしい関係づくりが必要です。探究のコミュニティが発展していくために不可欠なのが，参加者の倫理的な成熟です。スプリッターとシャープは，参加者に必要な姿勢について，次のように述べています。「探究のコミュニティでは，例えば，不合理な批判を受けたときに自らの考えを貫く粘り強さと勇気，同時に自分の意見が正しいと思っていても他者の声に耳を傾ける謙虚な気持ち，忍耐強さ，フェアな姿勢などが必要となります」(Splitter & Sharp 1995)。これは，先ほどの「サスペンド」についての見解とも共通する考えです。

　探究のコミュニティを育むという p4c の目標は，日本の教育現場で学級経営の重要性が問われていることもあり，多くの教師から注目されてきました。いじめや学級崩壊など学びの環境の悪化が深刻化するにつれ，学級づくりをいかに進めていくかが，急務の課題となっているからです。p4c の大きな特徴は，思考力を深めていく教育は，教室内のコミュニティづくりと切り離して考えることはできないとしていることです。考える力を深める教育というと，論理的に掘り下げる力の育成という部分に焦点があたりがちですが，「対話」を通して考えを深めていくことを目指す p4c の教育では，考えを共有できる人間関係の形成なしには，思考の深まりを達成できないと考えられています。

　対話にふさわしい人間関係の構築という観点では，学級経営とのつながりが深いのですが，探究のコミュニティづくりは，「仲のよい学級をつくる」ということとは観点が異なります。もちろん，このように述べるには，「仲がよい」とはどういうことなのかについても考えていく必要がありますが，仮に「相手に好意をもつ友好的関係」とします。共に探究する仲間として相手を尊重するということは，そうした関係を強要することではありません。たとえ相手に対して苦手意識をもっていたとしても，それだけの理由で，その人の意見を封じ込めたり，見下したり，ばかにしたりするようなことは，許されないということです。また，互いの価値観や世界観の相違が見えてき

たときに，その違いを尊重し，知的探究のエネルギーへと転換できるような関係づくりが必要となります。

　では，探究のコミュニティは，誰がどのようにして構築するものなのでしょうか。学級経営という言葉は，教師を経営主体として捉えたものです。一方で，探究のコミュニティづくりでは，全ての参加者が学級づくりの担い手となります。教師だけでなく，子どもたちにも積極的に役割を担うことを求めていくのです。

　p4c のペダゴジーでは，「セーフティ（intellectual safety）」をキーワードにコミュニティづくりを促しています。セーフティとは，心に浮かんだことを素直に共有しても，根拠なく批判されたり，ばかにされたりしないという安心感です。また，人前で話すことが困難な子どもは，話さなくてもよいという安心感も必要です。p4c の探究では，対話を始める前にセーフティの重要性を確認するほか，終了後にセーフティが実感できたかを評価します。また，どのような状況でセーフティが高まったり，失われたりするかを話し合い，セーフティを高めていくために自分たちに何ができるかを一緒に考えていきます。

④　批判から共同の問いを生む

　他者と意見を交わすなかで，違った見方を知り，「さまざまな考えがある」という認識を得ることは，探究の第一歩です。そこから探究を深めていくためには，異なる意見を重ね合わせ，それらと比較したり統合したりするなかで，新たな疑問や考えを生み出していく必要があります。ボルノーは，対話を「交互の『中断』『妨害』によって生まれる生産的思考の場」と形容しています（ボルノー 1978）。一見したところ「中断」や「妨害」という行為は，アイザックスが述べた「サスペンド」という立場からかけ離れているように思えます。なぜボルノーは，「中断」や「妨害」が，生産的思考につながる

と述べたのでしょうか。ボルノーは，対話を「新たな地平を開くもの」と捉えています。異なる視点からの考えを共有することは，私たちが世界を見る枠組みを変化させていく第一歩になります。ただし，そこからさらに先へ進まなければ，探究は深まりません。考えを重ね合わせていくなかで，新たな疑問が浮かんでくることがあります。対話を通して生まれてきたさらなる問いが，共に考え始めるきっかけを生み出していきます。ボルノーはこうした問いを「共同の問い」と呼んでいます。「中断」や「妨害」がきっかけとなり，共同の問いが生まれることがあると，彼は考えています。ある人の話に対して，他の人から投げかけられる「なぜ？」「本当に？」「どういう意味ですか」といった問いかけが，「中断」や「妨害」の例です。こうした問いかけによって，私たちは「立ち止まって考える」ということを始めます。対話のなかで表れた「共同の問い」が，共に考える契機となり，さらなる対話を生み出していくわけです。そのときに考えなければならないのは，「中断」や「妨害」が，破壊的ではなく生産的なものとなるためには，どのような対話が必要かということです。

　p4c が重視している探究のコミュニティを育むプロセスは，対話が創造的な思考の場となるための基盤づくりです。多様な視点を共有するなかで，対立する考えが顕在化することもあります。相反するような意見を受けとめていくということは，まずは「異なる見方がある」ということを理解し，その存在を否定しないことから始まりますが，受容を出発点として，一緒に掘り下げていくためには，批判する視点も必要となります。ただし，批判には建設的なものとそうでないものがあります。建設的な批判をするためには，他者と共に考えていく契機として批判を提示することが重要です。特定の相手に対してではなく，自分も含めた参加者全員に疑問を投げかけていくのです。コミュニティとして探究するということは，全ての参加者が自己反省的な視点をもち，考えを共に掘り下げていく努力をしていくことです。対話の過程で生じる問いや批判に共に向き合っていくことです。それが批判を「共同の問い」として昇華させるということです。

オーストラリアで p4c の推進に従事してきたフィリップ・キャム（Philip Cam）は，クリティカルな思考と創造的な思考を対峙するものとしてではなく，補完的なものとして捉えていったことが，リップマンの重要な貢献の１つだと述べています。型にはまらない思考は，批判的な側面と創造的な側面を有しているということを，リップマンは強調してきました（キャム 2015, 8-10）。p4c という教育には，異なる視点を受容することと，批判的に掘り下げていくことを共存させる「複合的な思考」を大切にする視点が組み込まれています。この視点は，キャムによると，デューイでさえ見逃していたことのようです。さらに，この複合的な思考をどのように高めていくことができるかについて，具体的な手法を提示したことも p4c の大きな貢献と言えるでしょう。

⑤　世界を捉える「フレーム」を外す思考の旅へ

　p4c が目指していることは，言葉の海を泳ぎながら，世界の意味を問い，理解を深めていくことです。そのためには，泳ぎ方を学ぶ必要があります。また，他者と共に泳ぐ体験も必要となります。この教育で問われているのは，いかに速く泳げるようになるかではありません。型にとらわれずに，自由に泳ぐことです。立ち止まりながら，紆余曲折を経ながら，じっくり世界を問い深めていくことを，p4c という教育は目指してきました。では，言葉の海を泳ぐとは，一体何をすることなのでしょうか。哲学に基礎を置く p4c は，「言葉」とのつきあい方が非常に特徴的です。

　私たちは，考えるときに言葉を使います。さまざまな事象から意味を見いだすとき，言葉が重要な働きをします。もちろん，うまく言葉にならずに，もやもやしているときも考えていると言えるでしょう。けれど，言葉で表現しようと試みるからこそ，もどかしい気持ちになるわけです。全ての思考が言葉を介してなされているわけではないかもしれませんが，考えるという行

為において言葉が重要な役割をもつことは確かです。他者と共に考えることができるのも，言葉という共通のツールがあるからです。

そうであるならば，私たちの思考の基盤には，言葉によって形成される世界の見方があります。気をつけなければならないことは，言葉は表現するためのツールであると同時に，私たちのものの見方を固定化するフレームともなりうるということです。

考えるときに言葉を使うからこそ，私たちは言葉というものに敏感になる必要があります。そこで p4c では，言葉そのものの意味を問い直すことで，言葉によって形成される「世界を捉えるフレーム」を外してみるという試みをします。普段は気にとめずに使っている言葉に注意を向け，「それはどういう意味だろう」と考えてみるのです。異なる視点から事象や意味を捉え直すことで，意味の世界をもっと豊かなものに変えていくことができます。言葉の海を泳ぐということは，言葉そのものとの対峙から始まり，自らの思考と，そのなかに含まれる固定観念やステレオタイプなどを問い直すことへとつながっていきます。

言葉による「世界を捉えるフレーム」を外すとは，一体どういうことなのでしょうか。この疑問をテーマにした「She Unnames Them」という面白い物語があります。

このストーリーの主人公である少女は，特別な力をもっています。名づけることを name と言いますが，この動詞に「戻す，取る，外す」を意味する接頭語の un をつけて，unname する，すなわち名前を取り消す力を，この少女はもっているのです。彼女はこの力を使って，さまざまな生き物に「名前」を返すように提案します。「名づける」のとは逆に，名前を消すのです。ここでいう「名前」とは，一つひとつの生き物に個別につけられるような名前ではなく，属や類などの総称としての名前です。例えば，「タマ」と名づけられた「猫」ならば，「タマ」という名前はそのままもっていてもよいけれど，「猫」という名前は捨ててしまおうというのです。「猫」という名前を捨てた猫は，もはや猫と呼ぶことはできなくなります。どうせ人間がつけた

名前だからと，なんのためらいもなく名前を捨てた生き物がいれば，自分た
ちの特徴にぴったりだからどうしようかと迷った末に名前を戻した生き物も
います。少女の呼びかけによって，世界から次々と名前が消えていきました。
少女は，名前が消え去ることで，ある変化が生まれたことに気づきます。彼
女は，一つひとつの生き物に対して，今まで以上に親近感を抱くようになっ
たのです。目の前の生き物を，「猫」という名前を通してではなく，かけが
えのない1つのものとして認識していくことができるようになったというわ
けです。そして，ついに彼女は，自分自身の名前も返します。そのときに，
名前がなくなったことで，自分のこと，そして自分の行為を語ることが，い
かに難しくなったかを実感します。これまで当然のように疑問も抱かずに使
ってきた言葉が使えないわけです。そこで，主人公はゆっくりと慎重に世界
を描写し始めます（Le Guin 1985）。

　「She Unnames Them」のストーリーには，考えることと言葉との深い結
びつき，また言葉のフレームを外していくことの難しさと面白さが凝縮され
ています。p4cという教育では，「言葉」を，単に考えるための「ツール」
ではなく，考える「対象」として捉えています。言葉を使って考えるだけで
はなく，言葉の意味そのものを問い直し，私たちが生きるこの世界の意味を
考えていくということです。そのためにも，さらに言葉が必要です。考える
ということは，言葉の世界を泳ぎながら，自分たちが存在する言葉の世界を
探索し，その世界そのものにも疑問を投げかけていくことです。言葉のフレ
ームを外すと，世界の見え方が揺らいでいきます。その過程で，新しい意味
を見いだしていこうとしているのです。

　言葉の意味を問い直して認識の礎を揺さぶることは，新しい意味を発見す
る面白さや驚きとともに，わかっていると思ったものがわからなくなるとい
う不安や動揺を生じさせることがあります。相互理解ができていて，コミュ
ニケーションに支障がないのであれば，あえて意味など問い直さなくてもよ
いのではないかという意見もあるかもしれません。しかしながら，言葉を掘
り下げていくという行為の先には，非常に重要な倫理的な営みも含まれてい

ます。言葉というフレームを揺さぶることが，「固定観念を外す」ということにつながるからです。凝り固まった見方は，偏った理解や評価，そしてステレオタイプを生み出す可能性があります。言葉の意味をあらためて問うことは，こうした傾向に気づく機会を与えてくれます。

　そもそも「子どもの哲学」という教育の提案自体が，まさに「子ども」の固定観念を揺さぶる挑戦でもありました。子どもという言葉からは，「小さい」「幼い」「無邪気」「かわいい」「元気」，はたまた「未熟」「未発達」「保護されるもの」などのイメージが想起されます。こうしたイメージが「子ども」という言葉と重なり合って，子どもを捉えるフレームがつくられていきます。このフレームは子どもを理解する助けにもなれば障壁にもなります。子どもたちを見守るあたたかなケアにつながるかもしれないし，子どもたちの能力を過小評価することにつながるかもしれません。「子どもに哲学ができるのか」といった発言には，思索者として未発達な子どもたちに難解な思考は難しいのではないかという子どもに対する評価が含まれていることがあります。そこで，あらためて「『子ども』とは？」と問い直し，子どもの可能性を引き出すことを p4c では試みてきました。

　子どもに対するイメージは対話によって大きく揺さぶられます。言葉の海を自由に泳ぐことはとても難しいことのように教師には見えるかもしれませんが，子どもたちは軽やかに，かつ楽しみながら意味を問い始めるからです。「正しいとは？」「自由ってなんだろう？」「命を大切にするとはどういうこと？」など辞書で調べるだけでは解決しない疑問が対話のなかで生まれていきます。

　こうした問いに答えを与えることが，大人の役割なのではありません。共に言葉の海を泳ぐことが私たちに求められていることです。自分自身の言葉のフレームを揺さぶりながら思考にチャレンジする勇気が必要です。うまく泳ぐ必要はありません。一緒に泳ぐことを楽しむ大人の姿を子どもたちは望んでいるのです。

Part 3

p4c に取り組む
学校教育の現場

第6章
ハワイの p4c スクール

　ハワイでは，1984年より公立学校で p4c の実践を進めてきました。継続的にこの教育を実践している学校は，2019年時点で約10校あります。学校によって p4c の生かし方は少しずつ異なりますが，本章では10年以上この教育に取り組んできた2つの学校を紹介します。幼稚園生から5年生までの児童が通うワイキキスクールと9年生から12年生（日本の中学校3年生から高校3年生）の生徒が通うカイルア高校です。これらの学校は p4c のモデル校として，他校の教師が p4c について学ぶ機会も提供しています。

　ワイキキスクールとカイルア高校の p4c の取り組みには，大きな違いがあります。ワイキキスクールでは，学級担任が教科指導の合間に「p4c の時間」を組み込み，子どもたちの関心にもとづいて多彩な問いを探究しています。「今日は何について考えたい？」と子どもたちに問い，日々の暮らしから生まれたワンダーを紐解き，そのなかから1つ問いを選んで対話をします。

　一方，カイルア高校では，教科指導のなかに p4c を生かしています。高校では，日本と同様，教科ごとに教師が異なるため，ワイキキスクールのように教科指導以外の時間を確保することは難しく，教科での活用が p4c を生かす自然な形です。国語科や社会科から p4c を生かした授業の開発が始まりましたが，今では保健や日本語の授業でも取り入れられています。学校の教育方針を示すビジョンにも哲学的探究の重要性が掲げられ，p4c を生かすさまざまな方策が試みられています。

① 思慮深さの育成を目指すワイキキスクール

 レアヒの麓の学校

　ワイキキの東側にあるダイヤモンドヘッドは，ハワイの文化でもともと「レアヒ」と呼ばれていた神聖なる山です。この山の麓に，p4c を生かしてユニークな教育に取り組む学校があります。幼稚園児から５年生までの子どもたちが通う「ワイキキスクール」です。この学校は，1965年に設立された，全校児童約600名（2018年時点）の州立学校です。

　ワイキキスクールの入り口から渡り廊下を歩いていくと，まず目に入るのが，真っ白な梁に貼りつけられているブルーのプレートです。プレートには，さまざまなキャッチフレーズが書かれています。この学校の雰囲気をよく表していると思うのが「LIVE ALOHA!」というフレーズです。ALOHA とは，思いやりや礼儀など相手を尊重する気持ちと，素直さや忍耐といった自らの姿勢を表す言葉です。ALOHA を大切にしながら生きていこう！　ワイキキスクールは，まさに ALOHA が象徴するような精神を大切にしている学校です。

校内を歩くと，カラフル
な掲示物があふれていて，
さまざまな言葉が語りかけ
てきます。一番多く目にす
るのは，mindfulness とい
う言葉です。この言葉は日
本語に訳すのがとても難し
いため，本書では「マイン
ドフルネス」と表記するこ
とにします※1。和訳する

とすれば，「思慮深さ」と訳すのが一般的でしょうか。マインドフルネスと
は，「マインド」が満ちていることを表します。「マインド」という言葉の解
釈はさまざまですが，「思考や判断をつかさどる心」，特に感情と対照的な
「知性」と訳されることが多いです。ただし，ワイキキスクールでは，思考
と情感は切り離すことができないという考えを基本として，この言葉を理解
しています。相手への思いやり（ケア）を大切にするコミュニティづくりが
ワイキキスクールの学校運営の基本です。他者を尊重するコミュニティが形
成されることで，異なる意見を受けとめ，多角的・批判的にものごとを捉え
る学びが実現していくと，この学校では考えています。

　この学校には，実にさまざまな人種・民族の子どもたちが通っています。
最も多いのは，日系の生徒で，31.4% を占めます。以下，白色人種（25.3%），
中国系（13.8%），ネイティブハワイアン（9.4%）と続きます。まさに「人種
のるつぼ」です。このような学校の特徴を見ると，ワイキキスクールで，
「多様性の尊重」につながる思考の追求がいかに重要かを想像できます。多
彩な文化的慣習や宗教的価値観をもつ子どもたちの教育に従事する教師たち
は，「異質なもの」を否定したり排除したりするのではなく，理解の幅を広
げる資源として捉えていくまなざしを育みたいという思いを強く抱いていま
した。

そこで学校が注目したのが「マインドフルネス」という考え方です。このコンセプトを手がかりに，心との調和がとれた思考，すなわち豊かな感受性を伴う思考を伸ばしていこうという試みがスタートしました。

　この学校は，1990年頃からマインドフルネスの育成を教育の最重要課題に掲げ，教育改革に取り組んできました。州内の教育関係者，研究者，企業家などが集まり，この小学校をモデルとして理想の学校をつくろうと話し合いを重ねた結果，マインドフルネスというキーコンセプトが見えてきました。このコンセプトのもと，ワイキキスクールでは，２つのペダゴジーを統合して独自のカリキュラムを構築してきました。「心の習慣（Habits of Mind）」という人間形成の基本的な考え方と，本書で紹介している「p4c」という探究の対話の教育です。他者とのかかわりのなかで生きていくため，そして他者と協力しながら社会をつくり上げていくために必要な力の向上を，これら２つのアプローチを生かして目指してきました。また，近年では，人と環境のかかわりに意識を向けながら生きることの大切さを学ぶため，サステナビリティ教育の展開にも力を入れています。自然のサイクルを学び，自分たちの暮らしをそのサイクルに調和させていくための教育を目指しています。

　さまざまな試みが相乗的な効果を生み出し，ワイキキスクールは「困難校」から「先進校」へと大きく飛躍し，2013年にはブルーリボンスクールとして表彰されました。ブルーリボンスクールとは，アメリカで1982年に始まった学校評価のプログラムで，優秀な学業成績の達成や，子どもたちの学力差の減少などに貢献した学校に贈られる賞です。さらに，2014年と2015年に，ワイキキスクールからハワイ州のベストティーチャーが選出されました。２年連続で１つの学校からベストティーチャーが選出されるのは，極めて稀なことです。さらに，2015年の受賞教師は，全米ベスト４の教師に選ばれるという大きな業績を残しました。このような教師の活躍は，子どもたちの成長が外部から認められたという証でもあります。

　ワイキキスクールが先進校へと変化した理由は，どこにあるのでしょうか。この学校の評価が徐々に高まり「優秀な子どもたち」が集まってきているか

らでは決してありません。むしろ，2003年と2014年を比べると，教育環境として

しての条件は，より難しいものとなっています※2。例えば，児童数が350人から522人へと大きく増えるなかで，特別な支援を必要とする「英語を母国語としない児童」の割合は，10％から20％に増えています。ワイキキスクールでは，英語で十分なコミュニケーションを図ることができない子どもたちをよく見かけます。彼らには，通常のカリキュラムに加え，特別な支援が必要です。さらに，給食代を支払うことのできない貧困家庭の割合が10％から30％に増え，片親の家庭も5％から40％に増えています。こうした変化は，学ぶことに集中することが難しい環境の子どもたちが増えていることを示唆しています。

　教育環境は厳しくなっているものの，毎年行われる州の標準テストの成績を見てみると，proficient（優秀）と評価された児童の割合は，リーディングでは40％から80％に，算数では30％から80％に上昇しています。州の平均が50％未満だということを踏まえると，他校と比べても高い成果であることがわかります。なぜ，このような変化が起きたのでしょうか。

　子どもたちの成長にはさまざまなファクターが影響するため，変化の要因を断定することは非常に困難です。実際，ワイキキスクールは，多様な工夫を重ねながら，よりよい教育を追求してきました。多彩な取り組みが，相互的に影響し合い，大きな成果につながっているのでしょう。もちろんp4cは，成果につながった要因の1つだと，校長のボニー・テイバー（Bonnie Tabor）氏は確信しています。

 ## 心の習慣

　ワイキキスクールでは，「マインドフルネス」を育むことを基盤に教育をデザインしています。では，マインドフルネスとは，どのような行為や状態を意味するのでしょうか。ワイキキスクールが具体的指標として掲げているのが「心の習慣（Habits of Mind）」という教育目標です。心の習慣は，カ

リフォルニアを拠点に教育学の研究を進めてきたアーサー・コスタ（Arthur L. Costa）によって提唱されました。コスタは，人間の知性というものを多面的に捉えていくことが重要だという考えをもっています。アメリカの教育理論では，「知性」というと，「言葉や数を用いてロジカルに世界を理解する力」という側面が強調されがちでした。知性を「理性」という意味で理解し，「感」や「情」の働きとは対照的なものとして捉えてきた西洋思想においては，そのような傾向がありました。しかしコスタは，感性や感情も知性の重要な側面であると考えます。人間が世界を認知していく過程で働かせるさまざまな機能を捉え，それらを包括的に育むことが，教育現場の重要なタスクだということを提唱したのです。心の習慣という教育理念には，こうしたコスタの考えが表現されています。コスタの示した心の習慣は，次の16の行為規範からなります（Costa 2000）。

①辛抱強く続ける

②衝動をコントロールする

③理解や共感をもって耳を傾ける

④柔軟に考える

⑤自身の思考について思考する（メタ認知的視点をもつこと）

⑥正確であることを重視する

⑦問いを立てる，問題提起する

⑧これまでに得た知識を，新たな場面で応用する

⑨明瞭さ，正確さをもって考え，コミュニケーションを図る

⑩全ての感覚を使って情報を集める

⑪クリエイティブになる，想像する，新しいものを創り出す

⑫驚きや畏敬の念をもつ

⑬責任感をもちつつリスクを恐れない

⑭ユーモアを忘れない

⑮相互的なかかわりのなかから考える

⑯学び続ける姿勢をもつ

これらの習慣は強く結びつくこともあれば，ぶつかり合うこともあります。例えば，辛抱強く続けることと，柔軟に考えることは，両立しないこともあるでしょう。道徳教育における道徳的価値もそうですが，１つの価値を強調すると他の価値がないがしろにされるというジレンマが生じることがあります。そうしたジレンマも含め，心の習慣はつながり合って，思慮深さに結びついていくのです。

　ワイキキスクールに行くと，教室や廊下の壁や天井のあちこちに，心の習慣の標語が掲げられています。毎年，子どもたちがデザインする学校のＴシャツも，心の習慣をテーマにしたものです。学校の基本目標であるマインドフルネスの向上がキャッチフレーズとイラストで表現され，そのフレーズを囲むように心の習慣が並びます。子どもたちのクリエイティブな作品には，いつも驚かされます。2015年のＴシャツには，「Mindfulness Takes Root at Waikiki School（マインドフルネスはワイキキスクールでしっかりと根をはっている）」という言葉とともに，ハワイの農業を象徴する作物「タロイモ」の絵が描かれています。その他，キーホルダーをモチーフにした「Mindfulness is the key（マインドフルネスがカギ）」，パズルをモチーフにした「Thinking puts the pieces together（考えることでバラバラのピースが合わさっていく）」などのキャッチフレーズが生まれました。クリエイティブに想像する，ユーモアを忘れないといった心の習慣が，こうした取り組みに生きています。

　ワイキキスクールでは，心の習慣を，子どもたちが目指すべきこととしてだけでなく，教職員，保護者を含む学校にかかわる全ての人の目標としても位置づけています。心の習慣に書かれていることは，大人たちにも重要なことばかりです。また，実践することが難しいことも多く含まれています。自分の生き方，暮らし方を，16の習慣と照らし合わせながら考えていくことは，全ての年代の人にとって共通して重要なことだと言えます。場合によっては，教師が子どもたちから学ぶこともあるでしょう。例えば，想像力豊かにクリエイティブに考えることや，驚きや畏敬の念をもつことについては，既成概

念で思考が凝り固まっている大人と比べて，子どもたちの方が豊かかもしれません。したがって，心の習慣は，大人が子どもに教えるものではなく，みんなで追求すべき目標なのです。立場の違いを超えて共に目標に向かって前進していくという雰囲気が，ワイキキスクールのなかで醸成されています。

　後で詳しく述べますが，この学校の子どもたちにとって，心の習慣は当たり前のルールとして捉えられているようです。「この学校にはどんなルールがあるのか」というテーマでp4cの対話を行ったとき，ルールとして挙げられたことのほとんどが心の習慣から引用されたものでした。この対話を見ていた校長先生は，子どもたちが心の習慣をルールだと考えていることに驚いていました。ルールという表現が適切かはわかりませんが，心の習慣が浸透しているということは事実のようです。無理に思い出そうとせずとも，子どもたちから心の習慣のフレーズが次々と投げかけられていったのが印象的でした。また，心の習慣を単にフレーズとして覚えているのではなく，異なる心の習慣がいかにかかわり合っているかを彼らは深く理解していました。コスタも述べていますが，実社会では，さまざまな習慣が重なり合って機能します。一つひとつの習慣について理解が深まるほど，相互的な連関が見えてきます。子どもたちが複数の習慣を関連づけながら，それらの価値を自分たちの経験をもとに議論しているのを目にしたとき，彼らがそれぞれの視点で解釈を深めていることがわかります。

ハワイ大学との連携による p4c の導入

　ワイキキスクールが「心の習慣」にもとづく教育を進めていくうえで非常に重要な役割を果たしたのが，p4cの対話教育です。心の習慣として掲げられている規範を，学びのなかで具体化していくために，p4cのペダゴジーを1990年代の終わり頃から導入しました。本書で述べてきた通り，p4cでは，安心して声を共有できるコミュニティづくりを進め，多彩な視点の共有が可能になることで，多角的に理解を深めることを目指します。その過程で，さ

まざまな心の習慣を実践する必要が生じます。

　ワイキキスクールで最初に p4c に取り組んだのは，ハワイ大学の講義でこの教育について学んだ 1 人の教師でした。彼は，この学校が p4c の理念を追求していくのにぴったりな学校だと考え，ジャクソン氏とワイキキスクールの関係者を結びつけました。教師を対象とした p4c のワークショップを行うと，8 名の教師から p4c を授業に取り入れたいという希望がありました。こうした教師の要望に応じて，ジャクソン氏は，ワイキキスクールをp4c のモデル校として発展させていくことにしました。

　ワイキキスクールにおける p4c の進展には，ハワイ州の教育省からの経済的支援が大きな役割を果たしたと言います。支援は，2003年まで続きました。この期間，ハワイ大学の大学生・大学院生が p4c 教育のサポーターとして雇用され，ワイキキスクールに定期的に派遣されています。サポーターは，教師と児童と共に輪になり対話のファシリテーションやツールの活用を手伝うほか，p4c を取り入れるうえで課題があれば，課題解決に向けてアドバイスを行うなどの役割を担っていました。

　サポーターの派遣によって，ワイキキスクールでは p4c に取り組む教師が徐々に増えていったと言います。p4c の対話の授業は，非常にシンプルなステップを基盤としているため，誰でも簡単に始めることができます。ただし，その場で共有された意見から柔軟に有機的に対話を展開する必要があるがゆえに，教師は通常の授業のように事前の準備をすることができず，特に取り組み始めた初期段階では，大きな不安を抱えています。その際，サポートしてくれる人の存在は，非常に大きな助けになります。第 2 章で対話を行う際のセーフティの重要性について述べましたが，教師自身がセーフティを感じられるようになることが極めて重要です。セーフティがなければ，子どもたちの声に耳を傾け，探究を一緒に楽しむことは困難です。教師のセーフティを高めるうえでも，サポーターは大きな役割を果たしてきました。考えを掘り下げるための技術的な介入だけでなく，サポーターが一緒に輪になり座ってくれているだけでも，教師は安心感を得ることができます。

ワイキキスクールのテイバー校長は，心の習慣を軸とした学校運営を行う
うえで，p4cを生かす教育を積極的に推進してきました。しかし，この学校
の教師にとって，p4cを取り入れることは義務ではありません。教師にはそ
れぞれ個性があり，教育スタイルもさまざまであるため，p4cを取り入れる
かどうかは，それぞれの教師の判断に任せています。やりたいと思った人が
始められるような環境を整えておくことが，実践者の輪を広げていくうえで
重要となります。ハワイ大学との連携は，そうした環境づくりに貢献してき
たと言えるでしょう。教育省の支援によるサポーターの派遣は，2003年に終
了していますが，2013年，ハワイ大学にp4c教育の推進拠点「上廣哲学倫
理教育アカデミー（Uehiro Academy for Philosophy and Ethics in
Education）」が設立されたことで，新たな連携体制が構築されました。アカ
デミーのメンバーによるp4cセミナーや，ワイキキスクールで教育実習中
の教職大学院在籍生を対象とした大学講義がワイキキスクールで開かれるよ
うになりました。また，2015年11月からは，アカデミーのメンバーであるト
ビー・ヨス（Toby Yos）氏が，専属スタッフとしてワイキキスクールに常
駐し，p4cを多角的に発展させていくための支援を行っています。
　p4cをどのような形で教育に生かすかは，教師が自由に決めることができ
ます。授業に導入する方法は，主に２つあります。第一の方法は，既存の教
科指導に組み込む方法です。国語，算数，理科などの科目では，教えるべき
内容が州の基準によって定められていますが，その枠組みのなかで，内容に
ついて仲間と共同で考える場面をつくる，子どもたちの問いにもとづいて授
業を進めるなどの工夫が可能です。第二の方法は，教科指導の合間に対話の
時間を定期的に設けることです。子どもたちが関心のある問いを自由に出し
合い，テーマを決めて話し合います。ワイキキスクールの教師の多くは，２
つ目の方法でp4cを行っています。週１～２回の頻度で，30～45分程度の
対話の時間をつくっています。
　p4cという教育に取り組むなかで，対話の時間をどのように進めていくか
ということだけでなく，子どもたちとどのような関係を構築するべきか，学

校教育は何を果たすべきかといった課題について，教師たちは常に考え続けています。このような教師の思考は，自然と教科指導にも影響を与えています。

例えば，ある教師は，理科の授業のなかで，単元のテーマから子どもたちの問いを導き出し，問いをもとに考える時間をつくっています。また，生き物についての学習から，「いのち」や「環境」をテーマにした対話に発展することもあるそうです。別の教師は，国語科の読解の時間に p4c を生かしています。社会科の学習テーマと連関させて国語科の教材を選ぶことで，科目横断的な学びの時間を実現しています。p4c の対話を通して，国語科の教材の読解を深めるだけでなく，社会科の学習テーマへの関心を高めて，より主体的な学びを生み出しています。

子どもたちの変化がエビデンス

ワイキキスクールは，さまざまな困難を抱えつつも，先進校として発展しています。さまざまな取り組みが相乗効果を生み出し，学校に変化をもたらしているため，変化の因果関係を特定することは困難です。しかし，心の習慣という教育目標と，p4c の理念と手法が両輪となって，効果を生み出していることは確実です。この2つの取り組みが，学び合う関係づくりや，多角的な考察力，すぐに答えの出ない課題にも向き合う力へとつながっています。

p4c が「心の習慣」に対する理解を深めていくうえでいかに影響しているかは，例えば次のようなエピソードからも明らかです。2009年8月に日本からのゲストティーチャーが，ワイキキスクールの5年生の児童と共に，「校則（school rules）」というテーマで対話を行ったときのことです。この日本

人教師は，子どもたちの暮らしに身近な話題として，「校則」を取り上げたのですが，ワイキキスクールには，日本の学校が定めるような校則はありませんでした。そこで，この対話に参加した子どもたちは，「校則」を「心の習慣」と解釈しました。心の習慣で示されているルールにはどのようなものがあるか，それらがいかにかかわり合っているかが，話し合われました。対話の一部を紹介しましょう。

Ｇ１＝日本人のゲストティーチャー
Ｇ２＝ハワイ大学の p4c 研究者
Ｓ　＝子ども

Ｇ１：ワイキキスクールにはどのような校則がありますか。
Ｓ１：思慮深く（mindful）あることです。
Ｓ２：想像力を働かせながら考えること。
Ｓ３：協力し合うこと。
Ｓ４：クリエイティブに，想像力豊かに考えることです。
Ｓ５：リスクを恐れずに挑戦すること。
Ｓ６：忍耐強く続けることです。
（このように次々と心の習慣がリストアップされていきました）
Ｓ７：食べ物を分け合わないように言われています。（アレルギー対策のためのルールだそうです）
Ｇ２：みんなが挙げた「校則」のなかには異なる性質のルールが含まれていると思います。例えば，「食べ物をシェアしない」というルールをやぶると先生から怒られると思いますが，「想像力を働かせる」というルールに従わなかったからといって叱られるわけではないですよね。
Ｓ２：想像力を働かせないからといって罰せられることはないかもしれません。しかし，豊かな発想で考えようと努力しなければ，自分自身を罰していることになるのだと思います。そういう努力をしていなければ，

将来何か問題に直面したときに，クリエイティブに考えられなくなっ
　　てしまうから。
Ｓ５：想像力を働かせて考えるということは，よいことなのでしょうか。場
　　合によっては，悪いこともあると考えます。例えば，いたずらをする
　　ときなど，人を困らせるために想像力を働かせることがあるでしょう。
（子どもたちはそれぞれ，想像力を悪い方向に働かせた経験を思い出し，例
として示していきました）
Ｓ６：思慮深くあるために大切なことがいくつもあり，全てを結びつけて考
　　えなければならないのではないかと思います。例えば，相手への思い
　　やりをもつということを覚えていたら，人を困らせるために想像力を
　　働かせようとはしないのではないでしょうか。

　この対話から見えてきたのは，学校の理念として掲げられている「思慮深
さ」と「心の習慣」を，子どもたちは単に記憶しているだけでなく，自分た
ちの経験にもとづいて解釈しているということです。理由を述べたり，例や
反例を挙げたりしながら，これらのルールがどのような意味をもつのかを，
具体的に理解しています。子どもたちが自分たちでルールについて掘り下げ
ていく様子を見て，マインドフルネスの深まりを実感することができました。
　子どもたちが倫理的な課題に対峙するうえで p4c が大きな役割を果たし

ているということは，2016年に
ワイキキスクールが州に提出し
た評価レポート（Waikiki
Elementary Self-Study Report）
の中でも言及されています※3。
対話の時間に，嫌がらせやいじ
めなど，身近で起きている問題
について，子どもたちが取り上
げることがあります。こうした

問題は，コミュニティのセーフティに深くかかわることです。センシティブな問題に自らしっかりと向き合い，異なる視点から考えを共有していくということが，よりよいコミュニティをつくっていくうえで不可欠だということを子どもたち自身が考えているからこそ，p4c のテーマとしてこうした問題が取り上げられるのです。セーフティと対話の関係は，ニワトリと卵のようなものです。つまり，セーフティがあるから対話ができるのか，対話を通してセーフティが育まれるのか，どちらなのか答えることは非常に困難です。セーフティと対話の深まりは相互的な関係にあり，p4c では，共に考えるコミュニティを育むことと，考えを掘り下げていくことを探究の両輪と捉えています。特に，自身の実体験を通して考えたことを他者と共有する際には，セーフティの向上が極めて重要です。

　学びの環境のセーフティがいかに重要かということは，2016年のワイキキスクール評価レポートの中でも繰り返し強調されています。このレポートによると，異なる見方・考え方を尊重することとセーフティは深くかかわっており，物事を掘り下げていくための重要な条件と位置づけられています。また，p4c の対話を通してセーフティを高めていくことで，自分自身の考えや問いを表現する場が生まれるほか，嫌がらせやいじめなどの倫理的課題についても対話をする場が生まれています。学級内のコミュニティづくりの重要性を子どもたち自身が深く理解していること，コミュニティの状態が望ましくないと感じたときに自分たち自身で問題と向き合う主体性が育まれていることが，センシティブな倫理問題を取り上げた対話の実現につながっています。ワイキキスクールは，「心の習慣」と「p4c」を統合して独自の教育活動を展開し，コミュニティ醸成のアクターとして子どもたちが成長していくことに成果をあげつつあるのです。

② 人種問題と向き合うカイルア高校の教育

 カイルア地域の特徴

　カイルアは，オアフ島東部，ウィンドワードコーストにある地域で，霧に見え隠れする緑深い山々と，ビーチサイドの真っ白な砂浜の美しいコントラストが印象的です。大規模な開発が進むワイキキとは異なり，のんびりとした雰囲気が残る郊外の町です。

　この地域の特徴の１つは，高級住宅街と貧困家庭が多いエリアが隣接していて，貧富の格差が顕著に見られることです。また，ネイティブハワイアンの人びとが，町の人口の50％近くを占めます。州の平均が25％弱ということを踏まえると，非常に高い割合です。カイルア高校は，まさにこうした地域の特徴を映し出しています。ハワイ語で白人系の人びとを「Haole（ハウリー）」と言いますが，「ハウリーはこの学校ではマイノリティだ」と言う生徒の声をよく聞きます。

　カイルア高校は，生徒数約850人（2018年時点）の州立高校です。９年生〜12年生を対象として，４年間の教育課程をもちます。カイルア高校の大多数の生徒は，カイルアまたはワイマナロという地区から通っています。この２つの地区は隣接しているものの，目に見えない境界で分断されています。社会的・経済的格差が存在しているのです。この分断は，子どもたちの意識に大きな影響を与えています。地区ごとに小学校と中学校があるため，この２つの地区の子どもたちが出会うのは，高校に入ってからです。中学校ではそれほど実感していなかった地区間の対立が，高校から顕著に表れます。カイルア高校が主催した地域と保護者をつなぐためのミーティングでは，参加した保護者や住民が，「カイルア・ワイマナロ対立」をこの高校が直面する

重要課題の1つとして挙げました。異なるコミュニティから通う生徒の間の緊張感をいかに乗り越えていくかが，この高校の長年の課題であったのです（Makaiau 2008）。

　ワイキキスクールと同様，カイルア高校では，1990年代の終わり頃からp4c を生かした教育に取り組んできました。ハワイ大学でこの教育を学んだ社会科の教育実習生，のちに p4c ハワイの中核的研究者となるアンバー・マカイアウ（Amber Strong Makaiau）氏が，「アメリカ史」の授業で試験的に導入したのが始まりです。その後，マカイアウ氏は，正規の教師として「エスニック・スタディーズ（人種・民族をめぐる教育）」の授業を担当するようになり，p4c を生かした独自の教材を開発して，カイルア高校におけるこの教育の発展に貢献してきました。また，2003年からは，同様にハワイ大学で p4c を学んだチャド・ミラー（Chad Miller）氏がカイルア高校の教育実習生となりました。彼は，p4c を基盤に Language Arts（国語科）の授業を設計していくことを試みました。

ワイキキスクールとカイルア高校の p4c の取り組みには，大きな違いがあります。後者では，p4c を教科指導のなかで展開しているということです。小学校では，教科とは別に「p4c の時間」をつくり，対話のテーマとなる問いを子どもたちが自由に考えて選ぶという場面が多く見られます。日々の暮らしや経験から生じる問いを大切にしながら，対話を進めていきたいという思いがあるからです。一方，高校では，同じような枠組みで p4c を行うことは困難です。授業は選択制であり，小学校と同じような「学級」はありません。それぞれの生徒は自分で組んだ時間割に沿って，教室を移動しながら授業を受けます。そうした環境で p4c を生かすには，教科指導に取り入れる以外に方法はありません。

　各教科では，教えるべき内容やスキルが定められているため，設定された教育目標のなかで p4c の特徴を生かしていく必要があります。セーフティを高めること，疑問を大切にすること，考えを掘り下げることの価値は，主体的な学びというものを追求しようとすれば，いずれの教科においても尊重されるべき価値と言えるでしょう。こうした共通の目標を土台として，それぞれの教科において，どのような能力を高めようとしているのかを考慮し，p4c を生かす方法を探る必要があります。カイルア高校で p4c を実践する教師たちは，p4c の基本精神を生かしつつ，それぞれ独自の教科指導を研究開発しています。

校内暴力の問題と対峙するエスニック・スタディーズ

　アメリカの学校にとって，エスニック・スタディーズ（以下「ES」とします）は，多文化共生社会を実現するために極めて重要な，国家の基盤づくりにかかわる課題です。ES は，社会科のなかの一科目です。この科目は，多様な人種や文化の歴史と現状についての知識を得ることだけを目的にしているのではありません。自分自身のルーツを理解するとともに，人種の壁を越えて共有できる希望や苦難の存在に気づき，異なる背景をもつ人びとが相

互理解をしながら発展を目指す実践的関心にもとづく教育でもあります。ただし，非常に重要な使命をもつ科目であるにもかかわらず，必ずしもアメリカ全体で積極的に取り組まれているわけではありません。ES を開設していない学校も多くあり，設置されていたとしても選択科目である場合がほとんどです。しかしながら，カイルア高校では，ES を極めて重要な科目として位置づけていて，卒業要件として課しています。

　先に述べた通り，カイルア高校では，カイルアとワイマナロという 2 つの地域間の紛争が日常化していました。異なるグループ間で，深刻な暴力の問題が頻繁に生じていました。1990 年代は，校内で暴力事件が多発し，警察を呼んで紛争を止めなければならなかった日も少なくなかったと，2019 年まで校長を務めたフランシーン・ホンダ（Francine Honda）氏は当時の学校の様子をふりかえって語ります。カイルア高校において，人種をめぐる教育は，良好な学びの環境を実現するうえで，不可欠のものだったと言えます。

　カイルア高校の ES の発展の過程は，教師が独自に開発した ES のワークブックの冒頭で詳しく述べられています（Makaiau and Glassco 2009）。ワークブックによると，ES のカリキュラム開発は，青少年の暴力問題に取り組むハワイ大学の暴力防止センター（Asian/Pacific Islander Youth Violence Prevention Center，以下「APIYVPC」とします）との連携をきっかけに始まりました。このセンターは，2001 年よりハワイ州教育省（DOE）と協働で，ウィンドワード地域で深刻化していた暴力問題を改善するために，カイルア高校を 1 つのフィールドとして，若者の暴力防止に向けた課題を検討してきました。アメリカでは，1999 年に起きたコロンバイン高校での銃乱射事件などがきっかけとなり，学校の暴力問題に取り組むことの重要性が問われており，学校の現状や課題解決に向けた調査が進んでいました。国が示した暴力問題の改善をめぐる考え方を参考に，センターの研究者と教育関係者は，地域の実情に合う無理のないプログラムを考えていきました。その際に中心的な役割を果たしたのが，社会科教育を専門とするマカイアウ氏とケハウ・グラスコ（Kehau Glassco）氏です。

暴力問題への取り組みは，２名の教師にとってはじめてのことでしたが，これまでの教育研究の経験を通して重要だと認識していたいくつかの教育理論，例えば，主体的学びにもとづく教育，多文化教育，社会正義の教育，そしてp4cを生かして，新しいカリキュラムを考案していきました。ハワイで生まれ育った者として感じてきた，人種をめぐる問題意識を生かしたいという考えもあり，校内暴力という切実な問題と対峙するためのアプローチとして，ESを構築していったのです。

　具体的なカリキュラムを検討するうえで，カリフォルニア州サクラメントにあるヒラム・ジョンソン（Hiram Johnson）高校の社会科教育の教師らからの助言が重要な道しるべとなりました。この高校の教師が，2005年の春にハワイを訪れ，暴力防止のプログラムを社会科教育に組み込む方法を紹介しました。ヒラム・ジョンソン高校では，暴力を他者とのかかわり，あるいは自己アイデンティティにかかわる社会問題として捉え，当時大学レベルで行われていたESを参考に，高校生向けのプログラムを開発していました。人種の多様性を理解する学びと，コミュニティアクションを組み合わせ，学んだことが実社会で生かされるような実践的な教育を追求していました。こうしたカリフォルニアの事例を参考に，マカイアウ氏とグラスコ氏は，子どもたちの実情に沿った，また地域との深いつながりをもった，カイルア高校独自のESを構築していきました。

　カイルア高校では，2005年に放課後の時間を使ってESを試験的に開講し，翌年から通常の科目として設置しました。APIYVPCや生徒のフィードバックを反映させながらカリキュラムを発展させたこと，また履修者の数を拡大したこと（2005年開講時の11名から2007年には新入生全員の320名に増加）で，カイルア高校が抱えていた校内暴力の問題は大きく改善していきます。教育効果を実感したホンダ校長は，2007年からESを卒業要件に加えることを決めました。こうした学校ぐるみの取り組みは全米でもはじめてのことです。

　では，カイルア高校で開発したESはどのようなものなのか，ワークブッ

クを参考に見ていきましょう。340ページを超えるワークブックには，授業の方針についての説明，教材資料，ワークシートなどが含まれています。ES を履修した生徒は，1学期を通してワークブックを活用します。前半で人種や自己アイデンティティについて理解を深め，後半で暴力というテーマと対峙します。さまざまな暴力の形を理解し，小説等の教材の読み解きを通して，暴力の問題について理解を深めていきます。人種も暴力も，非常にセンシティブな問題です。教材や過去の出来事を通しての学びだけではなく，自分たちの経験や認識を掘り下げて，課題について理解を深める必要があります。少し方向性を誤れば，生徒同士の人間関係に亀裂が生じることもあるでしょう。話しづらいけれど重要な問題と，真摯に向き合える対話の場づくりが必要です。p4c が強調する「セーフティ」は，カイルア高校の人種教育を進めていくうえで，必要不可欠な条件なのです。

　ワークブックには次の3つの特徴があります。

　第一に，p4c の特徴である「問いを立てる」ことを重視しています。教材を読んだり，話し合いをしたりした後に，どのような疑問が生まれたかを書きとめ，その疑問を手がかりに理解を深めていきます。例えば，「今までどのような状況で差別を感じたか」「自分自身は他者に対して何か偏見をもっているか」「ハワイアンであることの意味は何か」など，それぞれの生徒が問いを立て，考えを掘り下げます。偏見，差別，格差の問題が身近にあることを多くの生徒が実感していますが，それらを自分の言葉で問うことで，経験や暮らしとかかわる問題として理解していきます。

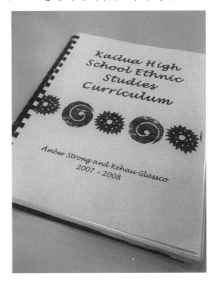

　第二に，人種をめぐる教育において特に重要となるのが，社会で通用している「前提」に目を向けることです。人種問

題は，さまざまな「前提」が絡まり合って複雑化します。出身地，髪や肌の色，血筋などで人を特徴づけたり判断したりすることが，相互理解を妨げています。そこで，「前提」への気づきを促すワークが用意されています。その日の授業のテーマ（例えば，「自己」「人種」「暴力」など）について，自分自身がどのような前提をもっているのか，その前提には根拠があるのか，どのような経験から自分の考えが導かれたのかなどを掘り下げていきます。

　第三に，生徒たちの声を通してこの教育の意義を伝えていく工夫をしているということです。人種や暴力という難しくセンシティブな問題について問い深めることが，生徒たちの日常や生き方においてどのような意味をもつかは，教師の言葉で伝えられるものではありません。ワークブックのなかには，過去にこの授業を受けた生徒のエッセイが含まれています。また，学期の最後に，生徒一人ひとりが後輩へ宛てた手紙を書き残し，ES の授業の意義を語り継いでいきます。なぜ人種や暴力の問題と対峙しなければならないのかということを，生徒の言葉で伝える工夫がされています。

　ヒラム・ジョンソン高校と同様，カイルア高校でも学んだことをアクションへとつなげていくことを大切にしています。最後の段階には，自分が暮らす地域コミュニティにはどのような課題があるのか，それに対して自分たちはどのようなアクションを生み出すことができるのかを考えていきます。ES の目標は，人種をめぐる問題についての理解を深め，実社会に存在するさまざまな問題に働きかけることができる人を育てることです。問題に気づいた人が，自分にできることを考えて行為につなげていくことができれば，コミュニティは大きく変わるでしょう。実際，カイルア高校の ES は，校内の風土を大きく変えるきっかけとなりました。日常化していた暴力の問題は，ほとんど見かけなくなりました。こうした変化は，学校の中だけにとどまらず，家庭，地域へと波及効果をもたらすはずです。

p4c を基盤とした国語科の教育

　カイルア高校では，ES と並んでもう 1 つ重要な p4c を生かしたカリキュラム開発の試みがあります。国語科の授業です。新しい国語科の学び方を提案し，学力向上という大きな効果を残したのが，ミラー氏です。彼はハワイ大学で p4c を学び，2003年から教育実習生として，また2005年から2012年までは教師として，カイルア高校で教鞭をとりました。標準学力テストの読み書きのセクションで，proficient（堪能）と評価された生徒の割合が，約45%（2005年〜2006年）から約80%（2008年〜2009年）へと上昇したという実績があります。革新的な取り組みとその成果が評価され，2012年に彼はハワイ州のベストティーチャーに選ばれています。

　国語科の教育では，特に読み書きやコミュニケーションの力の向上，論理的思考力の深まりが重視されます。また，文学作品を通して自己と世界の理解を広げていくことも，目的として掲げられています。国語科という枠のなかで p4c を生かす授業を設計する際，ミラー氏は，生徒の感性や経験を尊重し，それらをもとに考えを深める手段を伸ばすことに焦点をあてました。生徒の人間性を大切にするという視点が，彼の教師としての基本姿勢です。彼は，多角的に物事を考えるための対話の場をつくるとともに，深く考えるためのツールの活用に力を入れ，論理的な思考の育成に取り組みました。

　ミラー氏の授業スタイルは，p4c の基本ステップに忠実です。教材を読み，問いを立てて共有した後に，選んだ問いについて対話を行います。問いを立てる，あるいは対話をする過程で，ツールを活用するよう生徒に促します。ただし，対話の場をつくり，ツールを紹介するだけでは，必ずしも生徒たちの思考の深まりを達成できるとは限りません。

　実際，授業の最初の段階では落胆することも多いと，ミラー氏は述べています。例えば，生徒たちがつくる問いにツールが全く生かされていなかったり，そもそも対話に参加しようとしない生徒がいたりという状況は，少なく

ありません。また，問いを選ぶ段階で，「この小説は何についての話なのか」というような，一般的な解釈の問いが選ばれ，それぞれの生徒がただ自分の解釈を述べるだけで，なかなか問い深めるという段階に到達しないこともあると言います（Miller 2005）。

生徒たちは，教師が正解を知っていると思っています。問いには，１つの正解があると思っています。間違った答えを言うのは恥ずかしいという思いから，発言までに時間がかかります。多くの生徒は，正解を探りながら，その正解と自分の考えを比較しながら発言しているのです。p4c を生かした国語科の授業では，こうした習慣を捨て，一人ひとりの生徒がさまざまな根拠をもとに掘り下げていく力を培わなければなりません。

特に国語科という枠組みのなかで，ミラー氏は，深く考えるためのツールを内在化させていくことが重要だと述べています。そのためのエクササイズを，彼は積極的に授業のなかに組み込んでいます。例えば，ツールのWRAITEC の文字をテキストに書き込みながら教材を読む練習をします。前提を見つけたら「A」，例が述べられているところに「E」，「本当かな？」と思ったところに「T」などです。これを「ブックマーク」（44ページ）と呼んでいますが，ブックマークは問いを立てる際に非常に役立ちます。

また，深く考えるためのツールが示す７つの切り口には，相互的に連関しながら考えを深めていく機能があります。ミラー氏は，そのことを理解するためのエクササイズも開発しました（44ページ）。自分の考え（「Ｉ」）のもとにどのような前提（「A」）があるのか，その前提は正しいのか（「T」），正しい・正しくないと判断する根拠にはどの

ようなものがあるのか（「E」「C」）というようにつなげて考えていく練習をするのです。

　こうした取り組みの結果，生徒たちの問いは，より具体的で本質に迫るようなものへと変化していきます。例えば，ローリー・ハルツ・アンダーソンの『スピーク』という小説を教材にした授業では，「主人公が考える『真実』とは何か」「友情と人気の違いは何か」といった問いが生徒たちから出てきました（同掲）。

　教材の読解や自分の考えを記述する過程で，理由や例を提示したり，反例を示して異論を唱えたりすることで，論理的に考える習慣が少しずつ浸透していきます。また，他の生徒たちの考えに耳を傾ける対話によって，さまざまな論拠にふれ，自身の考えを深めていくことができます。セーフティが確立されていれば，教材の内容を掘り下げるうえで，自分自身の経験談などをもとに語り合うことができるでしょう。また，自分が賛同できない考えが提示されたときに，それに対して異論を示すこともできるでしょう。実体験にもとづく考え，異なる視点からの意見が積み重なることで，相互的な深い学びが進んでいきます。

　ミラー氏の国語科の授業の目標は，教材を解釈することではありません。教材はあくまでも，自分の考えを構築していくための材料です。教材を1つのきっかけに，経験や他者とのかかわりのなかで形成されていく自分自身の考えそのものに目を向けていくことが重要だと，彼は考えています。

　国語科は，言葉や表現を対象とする教科です。生徒一人ひとりの言葉と表現の力を高めていくことが，ミラー氏の国語科のねらいです。彼は，生徒たちに言葉がもつさまざまな力に気づかせようとしています。その力を使うことができれば，他者，そして社会に対して，働きかけることができるからです。授業の初期の段階では，多くの生徒が自分の考えがよくわからないような状態にあります。また，何か考えがあったとしても，それをうまく表現できない場合もあるでしょう。少しずつ自分の考えを掘り起こすことに挑戦し，論理的に問い深める術を習得していくことで，言葉と表現の力が高まってい

きます。こうした力を高めていくことは，生徒たちが社会のなかで豊かな人生を生きていくことにも深くつながっています。

　国語を学ぶことが，生きる力の教育につながっているということを，ミラー氏の国語科の授業を通して学ぶことができます。

「哲学探究」という社会科の新しいアプローチ

　もう1つ，カイルア高校が取り組んだ，興味深い教育開発の試みを紹介しましょう。2011年から社会科の新しい科目として設置した「哲学探究（Philosophical Inquiry）」です。この科目では，歴史，経済，政治など，社会科のさまざまな分野を横断的に学びながら，問題解決，クリティカル・シンキング，判断，推論，相互的コミュニケーション，考察力，書く力などを深めていきます。一般的に社会科の授業は，情報教授型が主流であり，そのことに対して教育省から批判的な声があがっていました。社会科の必要単位数を削減しようという動きもあったと言います。そうしたなか，新しい社会科のカリキュラムを提案する機会が生まれました。マカイアウ氏がカリキュラムの原案をつくり，ミラー氏とシェリース・シロマ（Cheriesse Shiroma-Ming）氏も参加して原案を吟味しながら，カイルア高校独自の社会科の授業を構築しました。

　哲学探究の授業は，次の6つの単元で構成されています。

　単元1では，p4cの基本を学びます。セーフティの価値について考え，コミュニティボールをつくり，深く考えるためのツールの確認をして，p4cを基盤にした学びの準備をします。単元2では，「哲学探究の10のレンズ」というものを学びます。10のレンズとは，さまざまな社会問題を問い深めていくための切り口です。社会，政治，経済，文化，環境，形而上学，倫理，認識論，論理，美学という，主に社会科と哲学の分野で議論されている10のテーマが掲げられています。これらの言葉の意味を学び，問いを立てて理解を掘り下げるということをします。単元1と単元2は，哲学探究に必要な「視

点」と「ツール」を学ぶ段階です。探究の姿勢とスキルは，授業全体を通して培われていくものですが，最初の2つの単元のなかで，生徒たちは探究を進めていくための基本的枠組みを学びます。

　その後，単元3〜5では，「人種と政治」「環境」「ジェンダーと社会」というテーマについて，さまざまな教材を読みながら，深く考えるためのツールと10のレンズを使って理解を掘り下げていきます。各テーマについて，資料を読み，対話を行い，学んだことを小論文としてまとめます。この小論文は，「哲学的洞察の論文」と呼ばれています。この小論文は，単に自分の考えを記述すればよいわけではありません。生徒たちは，根拠を用いて自分の考えを論証することに挑戦します。主張とその背景にある信念（前提）は何かを示し，主張を支える根拠を教材や実体験から探し提示していきます。

　例えば，「環境」というテーマの単元では，レイチェル・カーソンの『沈黙の春』や，セヴァン・スズキの地球サミットでのスピーチなどを読みます。これらの資料の内容を，10のレンズを用いて意味づけていきます。例えば，「政治」というレンズから見ると何が見えるのか，また「倫理」というレンズから見ると何が見えるのかということを考えます。そして，自分の考えと課題解決のためにどのようなアクションが必要かを示していきます。その際に，論拠を示す必要があります。教材だけでなく，自分の経験のなかから，論拠を探します。

　最後に，単元6では，授業を通して学んだことをふりかえりながら，自分自身がどのように変化したのか，学んだことを今後どのように生かしていきたいかを考えます。

　哲学探究という科目の特徴は，社会科にかかわるさまざまなテーマを深く掘り下げるとともに，社会変革に向けたアクションを生み出すプロセスを重視していることです。「いかに生きるべきか」という問いと対峙する授業とも言えます。シチズンシップ教育とも深く結びついています。

　もう1つの特徴は，哲学探究が，教師と生徒が共に学ぶ機会として位置づけられていることです。この授業のなかで，「いかに生きるべきか」という

問いは，生徒だけでなく，教師に対しても投げかけられています。哲学探究の授業は，マカイアウ氏とミラー氏が提唱する「哲学者のペダゴジー」をもとに組み立てられていますが，このペダゴジーでは，教師が率先して取り組むべき6つの事柄が示されています。

①自分自身が日々の暮らしを吟味しながら生きる

②教育を教師と生徒が一緒に取り組む活動と捉える

③学びのコンテンツは，生徒の考えや経験と授業のテーマとが影響し合ってつくられる

④哲学を教育の基盤的理論として捉える

⑤哲学を生きた学びの実践とする

⑥教育の評価そのものを考え直す視点をもつ

　これら6つのポイントは，ワークブックの冒頭に「教師の役割」として明記されています。p4cの対話では，教師自身が「探究者」として成熟していくことが求められるわけですが，哲学探究では，そのことがあらためて強調されています。教師は社会問題を考え続ける人でなければなりません。さまざまな問いと対峙し，考え続ける教師の姿を見ることで，生徒たちも探究者として成長できるのです。

高校全体のカリキュラムへの「哲学」の浸透

　マカイアウ氏とミラー氏によって，社会科と国語科でp4cの実践が始まり，この教育の効果を実感した他の教師にも活動が広がっていきました。毎週教師同士でミーティングを行い，授業の状況や課題について意見交換を重ね，スキルアップや課題解決を図ってきました。社会科では，先ほど述べたように，ESのほか，哲学探究という科目が生まれ，p4cを基盤とした学びが多彩に展開されています。

　カイルア高校でp4cが浸透した理由として，マカイアウ氏とミラー氏の精力的な実践のほか，2007年に開始したPIR（Philosopher-in-Residence）と

いう取り組みがあります。ハワイ大学で2000年から p4c の研究と実践に取り組んできたベンジャミン・ルーキー（Benjamin Lukey）氏がカイルア高校での p4c を支援するために，PIR というシステムを考案して活動を始めました。地域社会のなかに定住して研究を行う研究者を「レジデント型研究者」，ある場所で暮らしながら作品を制作するアーティストを「レジデント型アーティスト」と言いますが，PIR は教育現場に身を置き，そのなかで哲学を生かす支援をするという役目をもっています。教育現場で p4c を実践していくためのサポートを通して，課題を整理し，その解決方法を教師たちと共に考えていくのが，PIR の主なタスクです。

　カイルア高校の PIR として活動を始めて，ルーキー氏が最初に直面した課題は，哲学が教科の1つではないということを理解してもらうことでした。高校では教師の専門性が強調されがちです。教科間の境界がはっきりしていて，教師は自分の教科以外の領域に足を踏み入れることに躊躇します。もし，哲学が1つの教科として認識されてしまうと，「私は哲学の専門ではないから」という理由で p4c への関心は高まりません。PIR の役割は，p4c が進めてきた問い深める学びのプロセスを，さまざまな教科指導に生かし，学びの質を高めていく手助けをすることです。1つの教科ではなく，全ての教科に生かせるアクティビティとして p4c を伝え，多様な分野の教師との協働を実現することが重要でした（Lukey 2012）。

　したがって彼は，いわゆる「専門家」としてではなく，「共に探究する人」として認識してもらえるように努めたと言います。また，教育者の対話が教科の境界を越えて活性化するように，教師のコミュニティを構築してきました。

　2013年からは，マカイアウ氏とミラー氏もハワイ大学の教師となり，PIRとしてカイルア高校の教育サポートを行っています。こうした体制の強化によって，より多くの教師からのニーズに応える基盤が整いつつあります。p4c はより多様な教科に生かされるようになりました。例えば，数学科，理科，日本語科でも，p4c の探究の対話を基盤とした授業が実践されるように

なっています。

　さらに，カイルア高校では，問い深める p4c スタイルの学びが，教科指導だけではなく，学校全体の教育方針にも影響を与えています。2011年に改正した教育のビジョンとミッションには，次のように書かれています。

　ビジョン　：カイルア高校の生徒は，自分の目標の実現のため，また世界に変化を生み出すため，思慮深く（マインドフルで），<u>哲学的</u>に考えていきます。

　ミッション：カイルア高校は，グローバルな社会のなかで生じる課題に向き合うなかで，協働，<u>探究</u>，そして困難から立ち上がるレジリエンスを培う安全で協力的なコミュニティとなります。

（下線筆者）

　ビジョンのなかに表れる「哲学的」という言葉や，ミッションのなかに表れる「探究」という言葉は，p4c を生かした教育が広く展開したことで，教育理念に組み込まれるようになりました。対話と探究の営みが，この学校の学びの基盤としてしっかりと位置づけられているのです。

　最後に，カイルア高校が取り組んできた教育のユニークな成果として，2015年に開始した p4c のインターン制度について紹介しましょう。授業を通して哲学対話の理念と手法を習得した高校生が，近隣の４つの小・中学校に出向き，p4c のサポートを行う制度です。週４日の学校訪問のほか，毎週ミラー氏とミーティングを行い，地域での p4c の普及を支援しています。2015年は，５名の生徒がこのインターンを履修し，22名の教師，ならびに560名の子どもたちのサポートを行いました。

　彼らを philosopher（哲学者）と surfer（サーファー）をかけて「PhiloSURFER」と呼んでいます。この呼び名は，高校生が提案したものですが，言葉の海を泳ぐというイメージを連想させます。彼らの話を聞いてい

ると，p4c がもたらす成長の大きさに驚かされます。PhiloSURFER として活躍している 3 名の生徒を対象に行ったインタビューでは，彼らが対話のファシリテーターとして成長する過程で，学びというものに対する自分の考えを醸成させていることがわかります。

　彼らは，ファシリテーターとして教育現場に入り，対話や考えることの価値を子どもたちだけでなく教師とも共有しようとしています。しかしながら，高校に入学したばかりの頃は，授業で教師に意見を求められても，自分の考えを話したいとは思わなかったそうです。ある生徒は，考えを共有することに価値を見いだしていなかったと，また別の生徒は，自分をさらけ出すことに抵抗を感じていたと言います。さまざまな授業のなかで，p4c を経験し，徐々にセーフティが構築されていくなかで，教師やクラスメートと共に学ぶことの意義が見えてきたそうです。その価値を多くの人と共有したいと思い，PhiloSURFER として活動しているわけですが，深く考えよう，哲学的に掘り下げようと言うだけでは，子どもたちが対話に積極的に参加するようにはならないと，彼らは語ります。

　ファシリテーターとして必要なことは何だと思いますかという質問を投げかけると，「対話が多彩に展開する可能性を楽しみ，オープンな心をもつこと」「p4c を深く理解しようとすること」「子どもたちが居心地のよい場をつくること」という答えが返ってきました。子どもたちを評価する立場に立つのではなく，対等な関係をつくることで，彼らは仮面を外し，自分らしさを肯定的に捉えることができるようになるのではないかと，ある生徒は語りました。高校生活のなかで自分たちが変化したという実感があるからこそ，ゆっくりとコミュニティが変化するのを待つことができるのでしょう。こうした考え方は，社会に出てさまざまな人とかかわるなかでもきっと生かされていくはずです。

　また，PhiloSURFER として活動することの意義は何かという質問に，「歴史を変えること」と答えた生徒がいたのが印象的でした。小学生と p4c を行うということは，将来賢明な意思決定ができるように子どもたちを手助

けすることだと，彼は話していました。子どもたち一人ひとりの人生が変化し，社会が変わり，歴史が変化する。PhiloSURFER の高校生は，こうした大きなビジョンのもと，対話に従事しているのです。

　PhiloSURFER の誕生は，近隣の学校を巻き込み，地域全体で p4c を実践することへとつながっています。高校生が学校の外へ飛び出し，セーフティを育みながら，深く考えることの大切さを伝える大使として活躍しているのです。彼らの生き方を見て，子どもたちだけでなく，教師たちも多くのことを学ぶでしょう。授業の一手法としてではなく，地域コミュニティを形成するアプローチとして，p4c が生かされ始めました。対話が地域の文化として浸透していく大きなきっかけが生まれつつあります。

※1　近年話題の瞑想の実践にもとづくマインドフルネスとは異なります。

※2　この比較は，ワイキキスクールが作成したプレゼンテーションと，ハワイ州教育省に提出される Waikiki Elementary School, School Status and Improvement Report, School Year 2014-2015（2015年11月24日発表）を参考にしています。

※3　Waikiki Elementary Self-Study Report は，学校の評価を学業成績，児童や保護者向けのアンケート，評価委員のコメントなどをもとにまとめたもので，2016年4月にハワイ州教育省に提出されました。

第7章
日本の教育現場に p4c を取り入れる

1 地域での p4c 展開を目指して

　日本の学校教育の現場において，p4c はどのように生かされ始めているでしょうか。p4c を生かしたことで，何か変化は生じているのでしょうか。

　ハワイスタイルの p4c を生かした授業開発の拠点は，宮城県にあります。校長と教師の有志が2013年から p4c を生かした授業づくりに取り組んできました。2014年からは，「p4c みやぎ」という実践者のネットワークが形成され，定期的に議論をしながら，p4c を基盤とした授業開発を進めています。教師同士の学び合いの場が定期的に開かれ，参加者たちは p4c に取り組むなかで生じる課題や不安を共有し，その解決策を共に考えています。

　草の根的に広がった p4c みやぎの実践を支えるしくみとして，2017年には，宮城教育大学に「上廣倫理教育アカデミー」という p4c の実践支援および研究推進の拠点が開設されました。教育現場で教師，あるいは校長として p4c の実践に取り組んできた人たちがスタッフとして常駐し，現役の教師と二人三脚で p4c を教科指導や学級経営に生かす方法を模索しています。

　仙台市の有志の教師と共に開始した p4c の実践は，白石市，登米市，蔵王町などにも広がっています。どの程度の頻度で実践しているかは教師ごとに異なりますが，2019年8月の時点で，宮城県内の実践校は50校以上，実践者は200名以上にのぼると推定されます。

　宮城県では，p4c の実践が面的に広がっています。面的な展開，すなわち，地域の複数の学校で p4c に取り組んでいくことは，この教育を日本に紹介

した初期の段階から，不可欠なアプローチだと私は考えていました。日本の公立学校には教師や校長が定期的に異動するというしくみがあり，そのことが p4c に継続的に取り組むうえでの障壁となることがあるからです。ハワイのように特定の学校を「p4c スクール」として育てていくだけでは，実践の蓄積が継承されていくとは限りません。地域の複数の学校が連携して取り組むことで，実践展開の可能性が広がると考えたのです。

　とはいえ，１つの学校のなかだけでも取り組みが定着することは容易ではないのに，複数の学校での展開となると，ハードルはますます上がります。なぜ宮城県では，p4c に取り組む学校の輪が広がっていったのでしょうか。背景には，東日本大震災という，私たちの世界観・価値観を大きく揺さぶる出来事がありました。震災復興の過程にあるこの地域で，さまざまな心の傷を負った子どもたちを支えていくこと，彼らの生きる力を育むこと，また，地域の未来を生み出す特徴ある教育を展開することが大きな課題となっていました。p4c という教育について知った仙台市内の校長先生たちは，子どもたちの潜在的な力を伸ばす大きな可能性をこの教育に見いだし，それぞれの学校の特徴に合わせて p4c の実践を模索し始めたのです。

　そして，対話の実践が少しずつ蓄積されるなかで，子どもたちが対話にさまざまな意味を見いだし，そこから学び，変容していきました。その姿を見て，教師が p4c の意義を再認識し，この教育を取り入れる方法をさまざまな角度から模索し始めました。さらに，p4c を生かすことが，教師自身の変容にもつながったと考える人もいます。

　本章では，宮城県の p4c 実践がどのような経緯で展開したのか，そのプロセスをたどるとともに，p4c を経験した子どもの声に目を向けて，この教育がもたらす効果について考えます。

② p4c みやぎの発展の経緯

　仙台市内の学校と p4c の最初のつながりは，2011年3月11日に発生した東日本大震災がきっかけとなって生まれました。震災のことを知ったワイキキスクールの子どもたちは，自分たちに貢献できることはないかと考え，保護者にも協力を求めながら募金活動を始めたのです。海に囲まれたハワイで暮らす子どもたちは，特に津波が未曾有の被害をもたらした東日本大震災の状況について，他人事とは思えない特別な感情を抱いていたと言います。

　校長のテイバー氏は，子どもたちの熱意に応えようと，2007年から日米教師の p4c 交流事業を主催していた公益財団法人上廣倫理財団に連絡しました。「子どもたちが被災地のために何かできないかと募金を始めました。支援先として東北の小学校を紹介してほしい」と。そのときに財団が紹介したのが，仙台市立若林小学校でした。この小学校は，浸水など津波の直接的な被害は受けませんでしたが，沿岸部に近いということもあり，地域住民の避難拠点として重要な役割を果たしていました。

　2011年6月，ワイキキスクールの2人の教師が，子どもたちが集めた募金と，ワイキキスクールのTシャツ300枚を持って，若林小学校を訪れました。震災から3か月しか経っておらず，壮絶な経験をした子どもたちの心の状態が心配されていた時期でした。体育館に集まった子どもたちは，にぎやかにハワイからの訪問者を歓迎してくれました。子どもたちの元気な様子にホッとしましたが，津波被害の爪痕が残る沿岸部の町を訪れると，数か月前に彼らが経験したことの甚大さを再認識しました。

　先ほども述べましたが，ワイキキスクールの子どもたちにとって，東日本大震災の津波被害は他人事ではありませんでした。彼らにとって海は暮らしの近くにあるものです。過去にハワイは津波被害を受けたことがありますし，東日本大震災のときも，一晩中津波警報が鳴り続け，沿岸部の居住者のなか

には高台へ避難した人たちもいます。東北の沿岸部で何が起きたのかを知ることは，海と共に生きることの恵みとリスクを学び，自分自身の安全と命の価値について考える貴重な契機でもありました。

　震災がきっかけとなって生まれたつながりを大切にしたいと，翌年以降も２つの学校の交流は続きました。２年目の交流で，ワイキキスクールの子どもたちは，ビデオレターを作成し，仙台の子どもたちにエールを送りました。若林小学校の子どもたちは，コーラスやソーラン節を披露してハワイからのゲストを迎え入れました。

　若林小学校とワイキキスクールの交流がスタートして３年目の2013年６月，若林小学校からハワイで取り組んでいるp4cの授業を見てみたいというリクエストがありました。私は，日本を訪問していた６人のハワイの教師と一緒に，６年生の２つの学級でp4cのデモンストレーションを行いました。授業には多くの人が視察に訪れていました。他校の校長先生，仙台市教育委員会の方々，宮城教育大学の関係者などです。はじめてのp4cの授業だったため，コミュニティボールをつくることから始めました。ボールづくりは時間がかかりますが，p4cの対話を始める大切なプロセスです。円座で自己紹介をしながらくるくると毛糸を芯に巻きつけていきます。全員が話し終わり，ボールが完成したとき，すでに30分ほど時間が経っていました。残されたわずかな時間（たしか15分くらいだったと思います）で問いを出し，対話をしました。

　子どもたちが選んだ問いは，「宇宙人はいるのか」と「なぜ学校があるのか」でした。私は後者の問いについて考えた授業に参加していました。「なぜ学校があるのか」という問いを出したのは，友人が学校に来られなくなってしまったことに悩む子どもだったと，授業を終えてから聞きました。この問いは，子どもたちにとって切実なものです。学校という子どもたちにとって当たり前に存在する日常，その当たり前が壊れてしまった友人がクラスの中にいました。「学校に行かなくても勉強はできるのではないか」という子どもの発言には，学校に行けなくなった子どもを否定しないでほしいという

思いがこめられていました。ゆっくりとコミュニティボールをまわしながら，対話が進みました。

　2013年に実施したこの小さな試みは，宮城県内のいくつかの小・中学校で大きな変化を生み出すことにつながっていきます。

❸　仙台市で始まった p4c の勉強会

　この対話を見に来ていた人のなかに，宮城県で p4c が発展するきっかけをつくった宮城教育大学の野澤令照氏がいました。野澤氏は，若林小学校での p4c のデモンストレーションを見て，この教育に学校教育の新たな可能性を切り開く力を感じたと言います。

　2 か月後の2013年 8 月20日，野澤氏は，仙台市内の小・中学校から10名の校長を招き，p4c について学ぶ会を開きました。この会に講師として参加した私は，p4c という教育の特徴やハワイでの実践事例を紹介しました。思考力を深める教育が求められるなかで発展してきたということ，子どもたちが問いを立てることを大切にしているということ，対話を通して多角的に物事を吟味するためには多彩な声が共有される場をつくる必要があること，したがって対話の場のセーフティを高めていくことが不可欠であることなど，p4c に取り組むうえでの基本的な考え方を伝えました。

　参加者の多くは，理解できたような，できないような，まだ腑に落ちないという表情を浮かべていました。いったい教育現場のどのような場面で p4c を生かせるのかということが，参加者の関心事でした。学級経営の手法なのか，教科指導の手法なのか，コミュニティづくりと批判的思考のどちらがねらいなのかなど，さまざまな疑問が投げかけられました。「学習のさまざまな場面で工夫して活用すればよいのです。コミュニティづくりと思考力の深化はつながっていますが，クラスの状態によって重点的に取り組むべきことは異なってきます」と，私は答えました。p4c には 1 つの決まったプロトコ

ールがあるのではなく，学校のニーズや状況に合わせて有機的に展開しうる
ものです。教師が自由に考えて p4c を授業に生かすことが重要なのです。
そう伝えると，さらに困惑の表情を浮かべる参加者もいました。

　仙台市で行った最初の勉強会では，「p4c がどのようなものなのかまだよ
くわからない」という声が多くありました。実は私自身，ハワイ大学で p4c
を学んだときに，同じような感覚をもっていました。対話を続けていくと
徐々に p4c のさまざまな魅力が見えてきて，「なるほど，こういう意味があ
るのか，こんな生かし方もあるのか」と，この教育に対する理解が深まって
いきました。

　しかし，時間に追われている学校現場では，「やってみると徐々にわかる
と思います」というわけにはいきません。はっきりとしたねらいとプロトコ
ール，そして評価手法と期待される効果が明示されなければ，なかなか取り
組みは始まらないでしょう。p4c 特有の「考える余地の広さ」が，ハードル
ともなりうるわけです。

　しかしながら，勉強会の終了時刻が近づいた頃，状況が少しずつ変化して
きました。「よくわからないけれど，この教育は子どもたちに大きな実りを
もたらす可能性がある」という直感をもった校長先生が現れたのです。ある
校長先生はこう言いました。「ハワイは多様な文化が混在していると言って
いたけれど，私の学校の子どもたちはまさに多様です。いろいろな環境で育
った子どもたちが集まっています。自分を表現できない子が多く，学級づく
りも課題です。我が校でぜひ p4c をやってみたいです」。また，「震災後の
宮城で，生きる力を高めていく教育に p4c を生かしてみたい」という声も
ありました。宮城県の教育は転換点にあると，複数の校長が実感していたの
です。この研修をきっかけに，複数の学校が参加して p4c に取り組む，一
大プロジェクトが開始しました[※1]。

　宮城県での最初の p4c の試みは，仙台市立茂庭台小学校において，2018
年9月10日に行われました。この実践を皮切りに，市内の小・中学校で対話
の模擬授業が始まりました。模擬授業には，他校の教師や教育委員会の関係

者も訪れ，徐々に草の根的に実践が共有されていきました。とはいえ，考え
を深める対話の面白さをはじめから具体化できていたわけではありません。
輪になって座ることが難しいクラス，全く発言のないクラス，あるいはセー
フティが崩壊するような子どもたちの激しい言動が見られたクラスなど，状
況はさまざまでした。子どもたちがヤジ合戦を始め，対話どころではない場
合もありました。

　それにもかかわらず，宮城県では実践の輪が広がっていきました。それは
なぜなのでしょうか。2つの大きな理由があると，私は考えています。

　第一に，子どもたちがp4cをやりたいと思ったからです。子どもたちは
対話することを欲しています。さまざまな考えにふれ，自分が変化していく
ことが楽しいという声を，授業後の多くの子どもたちの感想から読み取るこ
とができます。

　第二に，対話を通して子どもたちが変化したことを，教師が実感できたか
らです。聞くこと，伝えること，自ら疑問を抱き考えることで，子どもたち
の学びが深まっていることを確信したからです。普段の授業では見ることの
できなかった子どもたちの意外な姿を目の当たりにし，それまでいかに限定
的な視点から子どもたちを評価していたかに気がついたと話す教師もいまし
た。また，教師自身のなかにも，変化が生じています。授業づくりや子ども
との関係性を，今までとは異なる視点から考える機会が増えています。

　子どもと教師の双方に生まれた変化の実感が，宮城県の学校にp4cが広
がることへとつながっていきました。

4　p4cを経験した子どもたちの声

　p4cの実践を通して，教育現場にどのような実感が生まれているのでしょ
うか。ここではp4cの授業を経験した子どもたちの声に耳を傾けてみましょ
う。

p4c の対話では，最後にふりかえりをします。「自分の考えを話すことができたか」「他の人の話を注意深く聞くことはできたか」「考えは深まったか」「セーフティはどうだったか」，最後に「また p4c の対話をしたいか」を各自が評価します。よかった場合は手を高く上げ，だめだった場合は下げ，まぁまぁのときは水平の高さに手を伸ばします（49〜50ページ）。

　印象的なのは，最後の質問には，多くの子どもたちが勢いよく手を上げることです。セーフティの高さや対話への集中度によって評価は異なりますが，多くの場合，8割以上の子どもたちが「またやりたい」と答えます。教師からも「子どもたちは p4c をするのが好き」という声を聞きます。「次はいつp4c をするの？と子どもに聞かれる」と話す人もいます。

　対話の後の感想でよく目にするのが，「いろいろな意見を聞けて楽しい」というコメントです。多くの子どもたちが，他の人が何を考えているかを知ることに，強い興味をもっています。他者への関心は，例えば，対話を始める前の自己紹介の時間にも表れています。輪になって座った後，対話を始めるためのウォームアップとして，答えやすい問いを1つ選んでボールをまわし，例えば，自分の好きなこと，嫌いな食べ物，行ってみたい場所などについて，順番に話していきます。答えと理由を，1人ずつ話していきます。対話を始める前に，一度でも話しておくと，手を挙げて考えを共有することへのハードルが少し下がります。少しでもリラックスして対話に参加するための心の準備です。

　こうした時間も，相手について知る大切な時間だと子どもたちは捉えています。クラスメートのこと，先生のことを知ることができてうれしかったという感想を多く聞きます。自己紹介はワクワクすると話します。子どもたちの感想には，相手のことを知りたいという欲求が，素直に表れているのです。この欲求は，セーフティを構築していくうえでも，重要な役割を果たします。相手を受け入れるコミュニティが醸成されると，普段発言したことがない子どもたちが語り始めます。普段から積極的に意見を言う子どもたちだけでなく，全く発言をしたことがなかった子どもたちが語り始めるという場面に，

私は何度も出くわしました。p4cでは，話すことを決して強制せず，いつで
もボールを他の人にパスしてよいというルールのもと対話をします。ただし，
もし声を共有したいと思うのであれば，時間をかけてゆっくり話すこともで
きるのです。ボールを持っている人が話し始めるのを待つことで，対話に参
加している他の人たちもじっくり考えることができます。「普段言えないこ
とでも p4c なら言える」「普段あまり発言しない人たちの思っていることも
知ることができる」という感想も子どもたちから聞こえてきます。勇気を出
して声に出した考えは，1つの波紋となって広がり，他の人の声と予測でき
ない化学反応を起こすきっかけをつくります。

5 理科の授業で p4c を体験して

　子どもたちが p4c の時間をどのように捉えているのか，1つの授業に焦
点をあててさらに掘り下げてみます。以下に紹介するのは，仙台市立西中田
小学校の理科の授業で p4c を取り入れた際の子どもたちの声です。小学校
6年生の「環境」の単元の最後に対話を行いました。

　対話の問いは「このままにしたら地球はどうなるのか」というものでした。
さまざまな環境問題が挙がり，人間は生きられなくなる，地球に住めなくな
るという意見が多く挙がりました。さらに，人間は自分たちの活動によって
環境問題を引き起こしたのだから，生きられなくなっても自業自得だという
意見も出てきました。そのとき，「いろいろな生き物が絶滅しているけれど，
そうした生き物にとっては自業自得ではないのではないか」「自業自得と結
論づけるのは人間の勝手なのではないか」という意見や，「これから生まれ
てくる人たちはどうか。その人たちが暮らしづらい世界になってしまった
ら？　未来の子孫にとっては，自業自得ではないのではないか」などの問題
提起がなされました。そこから，今を生きる私たちの責任とは？という議論
が展開されていきました。

同じ授業から子どもたちが受ける印象はさまざまです。ある子どもは，次のように述べています。

　　　……p4cをやって話すことを決めて，みんなで話し合い，他の人はどう思っているのかとか，みんなの意見を聞けてよかったです。人それぞれ意見をもっていて，いいなと思いました。あらためて命の大切さもわかったし，ものの大切さもわかり，これからは環境のために自分たちにできることをどんどんやっていきたいです。……

　この子どもは，さまざまな考えを知ることの楽しさを書き残しています。多様な考えにふれることで命の価値についての理解を深め，自分の行為につなげていきたいと述べています。異なる考え方にふれることへの純粋な興味は，対話的学びをひらく大切な一歩です。次の感想にも，さまざまな見方を知ることの喜びが強く表れています。

　　　私は発言するのが苦手で，授業中は発言しないけど，p4cだと恥ずかしい思いなどがなくなって，1回くらいしか発言できなかったけど，発言することが楽しいと思えた。このことを生かして中学校ではたくさん発言したいです。あと，みんな違う意見をもっていて，人は違う意見をもつからこそ，話が進むんだなと思いました。友達の意見は私と全く違うとても面白い授業でした。……人としゃべることがこんなに楽しいし，たくさん知れるということを，このp4cの授業で学びました。「みんな違ってみんないい」というのが一番勉強になったと思います。同じ人間がいたって話は盛り上がらないけど，みんな違うとそれぞれの個性などが出るから，楽しいんだと思います。

　この子どもの「みんな違ってみんないい」という意見を，「答えにたどりつかない相対主義的な発言」と評価する人もいるかもしれません。いろいろな意見の存在を認識するだけでは不十分であり，そこから共通理解や新たな疑問を生み出さなければ，深い学びとは言えないという考え方もあります。しかし，そのように解釈するだけでは，対話的学びの意味を見逃してしまうと私は考えています。

　多様な声が顕在化する対話の場があるということの価値を，この子どもは

実感しています。同じ意見であるよりも，異なる見方を共有できる方が，多くのことを発見することができるということを，経験を通して語っています。多様性を尊重することの大切さを，理論的に説明する方法はいくつもあります。しかし，そうした理解は必ずしも実感を伴うとは限りません。先の子どもの感想には，意見の多様性にふれることの面白さが感情をもって表現されています。

　さらに，さまざまな声を共有することの楽しさを経験することは，自分の考えをめぐらせるきっかけにもつながります。次の子どもの感想からは，そうした変化を読み取ることができます。

　　　p4c をはじめてやりました。はじめはどのようなものかわからず，何を話していいのかと迷いました。でも，みんなで自己紹介をやっているのを見て，こんなに明るい感じでいいのかと思い，ワクワクしてきました。そこから，どんどん話したいことが増えていきました。……環境問題についての p4c でも，自分の意見をたくさん言えました。そして，他の人の意見を聞いて「こんな考え方もあるのか」と思うことができ，新しい考えをもつことができました。なので，p4c とは自分以外の新しい考えを知るきっかけになるものだとわかりました。今回勉強したおかげで，今まで以上に環境について考えることができました。いろいろと知っていくうちに，地球温暖化とか困ることもたくさんあるけれど，もともとは人間がやってしまったことなので，やはり人間が解決していかなければならない義務があるのではないかと考えるようになりました。なので，少しずつでもいいから，私もできることをやっていこうと思いました。いつかは環境問題という言葉がなくなるくらい，平和な世界になってほしいです！　この勉強のおかげで，これほど環境について深く考えることができました。いろいろなことを思うことができてよかったです。

　問いを選んで考えを掘り下げていく段階では，多様な考えを知るということだけでなく，他者の考えを自分の考えと比較するということが始まります。対話は，異なる考え方にふれることへの純粋な興味から始まるのかもしれません。共有された声は，参加者のなかに共感，矛盾，疑問などを喚起しなが

ら，考えの変化を生み出していきます。他の人の考えにふれることで自分の考えが変化することを，この子どもは自覚しています。この自覚を具体的に描写していくことができるようになれば，さらに学びは深まっていきます。対話による考えの深まりは，次の感想にも表現されています。

　　今地球には，環境問題がたくさんあることがわかりました。そしてそれは，人間だけでなく，他の生物にも影響を与えていることも知りました。自分が何気なくしている行動も，環境問題の悪化につながっているかもしれないと考えると，意識して生活しようと思いました。……p4cでは，とても規模の大きい話をしていたと思います。普段あまり話さない人の意見も聞けてよい学習だったと思います。特に思ったことは，人とは違う，他の人から見たら悪い意見を言う人がいたことで，反論する人が発言し，それと同じ意見の人がさらにつけたす。こうしてスムーズに話が進んだことから，それが悪い意見だったとしても，一人ひとりが発言すべきなんだということを考えました。そして，同じ意見の人がたくさんいたけど，誰一人として，全く同じ意見ではなかったことに驚きました。……違う意見を言う人がいるおかげで，話し合いがうまくいく方向に変わるということがわかってよかったです。

　この子どもが「悪い意見」という言葉で示しているのは，おそらく他の人が「賛同できない意見」でしょう。たとえ賛同してもらえなかったとしても，自分が気づいたことを提示していくことで，その場にいた人の考えが揺さぶられ，深まっていくということが語られています。この気づきは，対話というコミュニケーションの真髄に迫るものです。対話の目的は共に考えを深めることであり，自分の意見がどう評価されるかは問題ではない……このことを受けとめていくことは，大人にとっても難しいことです。授業のなかでのこうした経験は，子どもたちのこれからの人生に，大きな意味をもたらすのではないでしょうか。

　本書では感想の一部しか紹介することができないのが残念です。なぜなら，一人ひとりの子どもの言葉に，個性と力が表現されているからです。子どもたちは，対話のなかで自分の経験を語り，さらに対話という経験を通して自

分の考えを述べています。だからこそ，彼らの言葉にふれると，力強さを感じることができるのです。理科の授業が，他者とのつながり，生き方，世界平和，意見の多様性など，さまざまな学びへとつながっていくのも，驚きです。

6 実践を支えるしくみづくり

　p4c を経験した子どもたちの声は，この教育を宮城県という地で育む原動力となり，教育現場に波紋を広げつつあります。その波紋は，将来大きな波へと変化していく可能性がありますが，適切なサポート体制がなければ，いつの間にか弱まってしまうかもしれません。

　なぜなら，多くの実践者が「p4c という教育は，簡単であると同時に難しい」と感じているからです。

　考えを深める対話にならない，対話が学習内容から逸れてしまう，そもそもコミュニティづくりがうまくいかないなど，p4c の実践を始めてから見えてくる難しさがあります。去年のクラスではよいコミュニティをつくることができたのに，今年は同じようにはいかないということもあるでしょう。そうしたときに，状況を共有し，難しさを語り合い，共に解決策を考えてくれる仲間がいることは，教師にとってとても心強いことです。教師こそが，セーフコミュニティを必要としているのです。

　p4c みやぎは，こうした認識にもとづいて，学校教員と研究者らが展開してきたネットワークです。宮城教育大学上廣倫理教育アカデミーがハブとなって，さまざまな地域の教師をつないでいます。p4c みやぎの中心的な取り組みは，仙台市と白石市において毎月開催している研修会です。研修会では，p4c を授業に取り入れる際の手法的工夫を学ぶとともに，実践のなかで見えてきた効果や，直面している難しさを語り合い，互いにサポートする機会を提供しています。

また，教師だけでなく，子ども向けのファシリテーター養成の会も開かれるようになりました。仙台市ジュニアリーダー（地域の子ども会活動の担い手として活躍する中学生・高校生）を対象にした研修や，有志の高校生と大学生が参加するp4cキャンプなどを通して，子どもたちが主体となってp4cの対話を展開するきっかけづくりが進んでいます。

　p4cの実践を支える体制づくりという観点で非常に特徴的な成果を生み出しているのが，宮城県白石市です。白石市の学校にはじめてp4cが取り入れられたのは2014年です。白石市の教師3名が，仙台市で開かれた研修会に参加したことがきっかけでした。参加した教師たちは，それぞれの学校で異なる課題（例えば，自分の思いを語れる学級環境づくりや，主体的な探究を促進するための教育の充実など）を抱えていました。セーフティが保たれたコミュニティづくりと探究の深化を連続したものとみなし，これらの目標に包括的に取り組むp4cの教育は，それぞれの学校課題とリンクしうるものでした。さっそく，翌月から白石市内の2つの学校で，p4cの実践が始まりました。

　ある学校は，不登校，人間関係，学力など，さまざまな課題を抱えていましたが，「学級が子どもたちの心の居場所になればこれらの問題は改善に向かう」という仮説のもと，学級づくりの要として，p4cを教育活動に取り入れました。その結果，対話を頻繁に行った学年は，クラスが安定し，子どもたちの学習意欲が改善し，学力の向上にもつながったという実感を，教師が得ることができたと言います。その実感を定量化することは容易ではありませんが，例えば宮城県総合教育センターが進めている「絆アンケート」において，人間関係がよりよい状態に改善されたという結果になったことから，p4cの実践が学級づくりにプラスの効果があることを確信したと，当時，その学校の校長を務めていた半沢芳典氏（2018年度より宮城県白石市教育委員会教育長）は述べています。

　実践の効果は徐々に他校にも伝わり，多くの学校の参加へとつながっていきました。こうした流れを受けて，2016年，白石市の校長会は，小学校と中

学校，それぞれの p4c 担当校長を設け，校長のリーダーシップのもと，白石市らしい p4c 教育の展開を検討し始めました。

　その試みの 1 つは，2017年にスタートアップ支援として試行した「p4c デリバリーサービス」です。「取り組んでいるがうまくいかない」「相談する先生がいない」など，悩みながら実践を進めている教師に対し，p4c を生かした授業づくりを共に考える教師を派遣する事業を試験的に行いました。サポーターやアドバイザーではなく，デリバリーサービスと名づけたのは，「一緒に考える姿勢を重視したい」という理由からだそうです。p4c を知っている人と知らない人，p4c を教える人と教わる人という区別をせず，p4c で何を目指すのかということを共に考える関係性を構築することが重視されています。教師のなかにそうしたフラットな関係性を生み出そうという動きにつながったのも，「共に考える」という p4c の考え方を大切にした結果です。

　この他，学校ごとの独自の取り組みも展開しています。大鷹沢小学校は，2017〜2018年度に国立教育政策研究所の指定研究として，p4c の理念にもとづく道徳教育の授業開発を行いました。道徳の授業に p4c を生かして多面的な思考を促すだけでなく，他者と共に考えることが子どもたちにとって自然な営みとなるよう，朝のホームルームでも短い対話を毎週取り入れていました。

　また，小規模校である小原小・中学校では，考えを伝え合うことのできる関係づくりを目指し，「全校 p4c」に取り組んでいます。全校 p4c とは，小学校，中学校，それぞれで全学年が集まり p4c の対話を行うものです。小規模学校特有の課題の 1 つに，「人間関係の硬直化」があります。凝り固まった関係性によって思ったことを正直に言えなくなる，あるいは積極的にコミュニケーションを図らなくても理解してもらえると思ってしまうという傾向が見られます。そうした課題を踏まえ，p4c によって考えを伝え合う関係性を構築するとともに，主体的な学び，協働的な学びを促進しながら，学力の向上を図ることが目指されています。

　このように白石市では，p4c を支えるユニークなしくみと活動を展開して

います。その背景には，この教育に取り組んでいる教師の思いと，そうした思いを支える市および教育委員会の働きかけがあります。2018年度より，p4c は，白石市の施政方針のなかで重点施策として位置づけられています。「豊かな感性と人間性を育み，伝統文化を継承するまち」という目標のもと，全ての小・中学校で「探究の対話（p4c）」を実施することが推奨されています。

　もちろん，p4c を取り入れるかどうかは個々の教師の自由であり，全ての学級で実践されているわけではありません。一方，多くの学級で取り入れられるようになった結果，小学校から中学校にかけて継続して p4c に取り組む環境が生まれた学区もあります。年齢が上がるにつれ，手を挙げて考えを述べるということが，難しくなっていく傾向があります。小学生と中学生を比較すると，中学生の方が対話への参加が受け身になりがちです。しかしながら，小学校から中学校へと連続して p4c を取り入れることができると，対話に取り組むマインドセットを自然と保つことができるようになります。2018年度に実施された「探究の対話（p4c）フォーラム in 白石」の公開授業では，中学生が対話の場を自ら構築し，互いに疑問を投げかけながら考えを深めていく姿を見ることができました。

　p4c の対話を通して子どもたちが成長していることを，関係者の多くが強く実感しています。その実感を検証するための調査研究が，今後ますます進んでいくことでしょう。具体的なエビデンスの探究を通して，日本の学校教育における p4c のさらなる可能性が拓かれていくはずです。その過程で，p4c みやぎのネットワークは今後ますます大きな役割を果たしうるのではないでしょうか。教師が共に探究するコミュニティとして，p4c みやぎのさらなる発展が期待されます。

※1　宮城県内における p4c 展開の経緯は，p4c みやぎ・出版企画委員会著，野澤令照編『子どもたちの未来を拓く探究の対話「p4c」』に詳しく書かれています。

おわりに

対話の原点に立ち戻って

　私たちが暮らす社会は，声の個性を十分に生かすことができているでしょうか。多様性を尊重することの重要性はさまざまなコンテクストで語られていますが，私たちは，そのことをしっかりと受けとめて生きていくことができているでしょうか。

　私は，学校だけでなく，地域社会において対話の場をつくることに従事してきました。声を発すること，そして声を聞くことへの恐れが蔓延しているように思います。「私の声には価値がない」と思っている人は少なくありません。また「言い返されるのが怖い」という気持ちを抱えている人もいます。場違い，間違いな発言をすることへの恐れ，批判を向けられることへの恐れによって，心の中に考えが浮かんだとしても「黙っていた方が楽」と口を閉ざすことにつながってしまうのです。近年は他者理解とは対極にある「ヘイトスピーチ」という現象が社会問題にさえなっています。

　このような状況にあるからこそ，多彩な声が共有されることの意味を，私たちはあらためて問い直す必要があるのではないでしょうか。

　私たち人間は対話を欲しているということを，p4c という教育と出会ったことで強く感じるようになりました。伝えたい，耳を傾けてほしい，共に考えたい……そういう根源的な欲求を，私たち誰しもがもっています。対話をするということは，そうした欲求を満たすことであり，生きるための活力へとつながっていくはずです。学校で子どもたちと p4c をするときには，このことを心にとめておくことが大切だと，私は考えています。

　東日本大震災の後，私が出会った宮城県の教師たちは，「生きる力」とは何かを模索していました。日常が一瞬にして破壊される甚大な出来事を経験し，人として必要な力は何か，人を育てる場所である学校の役割とは何かを考えていました。生きていくうえで大切な能力を育むことが，これまでの学

校教育で十分にできていたのかという問題意識をもっていました。

　被災地とひとことで表現してしまうことが多いですが，地域によって，被災のレベルはかなり異なっていたそうです。学校は，さまざまな経験をした子どもたちの共同生活の場でした。1つの学校のなかで，家や家族を失った子どもと，大きな被害を受けなかった子どもが，共に学んでいたわけです。宮城県で最もはやくから p4c を学校に取り入れた高橋隆子氏は，震災後の状況をふりかえり，次のように語っています。

　　　近隣の学校に通って避難生活を続けている子どもたちがいる一方で，自分の
　　生活に震災の切実感がない子どもたちもいます。ただ，そうした子どもたちが
　　大人になっていくにつれて，心を結ぶ未来社会をつくってほしいと，そのため
　　には，人としてどう生きるのかを考えながら，お互いに立場や考えを尊重し合
　　って，支え合っていく必要があるのではないかと思いました。

　異なる経験をしたもの同士が，将来手を取り合って，よりよい社会をつくるために何ができるのかを共に考えることが重要なのではないか……そうした思いから，当時校長を務めていた学校の教師に p4c を紹介したそうです。

　地域の未来に向けた思いが募る一方で，学校では震災の経験について語ることができなかったということを，仙台市の複数の教師から聞きました。地域によって被災の度合いは大きく違い，子どもたちの経験もさまざまでした。そうした状況のなかで，震災の経験を語る場をつくることは，非常にセンシティブで難しいことだったと言います。

　しかしながら，セーフティが確保された場で震災の経験を語ることは，子どもたちが強く望んでいたことだったと，p4c の対話を実践していくなかで強く感じました。仙台市内のある小学校で震災をテーマに対話をしたことがあります。その子どもたちは，小学校にあがる前に震災を経験していました。幼い頃の記憶ですが，忘れることのできない心に深く刻み込まれた経験です。子どもたちはゆっくりとボールをまわしながら，当時の様子を語り始めました。おゆうぎの練習をしていた，ひとりで家に帰る途中だった，幼稚園でお昼寝の時間だった，怖かった，心細かった……それぞれの経験や感情が語ら

れ，子どもたちは互いにじっくりと耳を傾けていました。

　みんなの経験を聞きたいという気持ちが，子どもたちのなかに強くあったようです。対話の途中で私は何度か手を挙げて，発言の機会を求めました。しかし，私にコミュニティボールがまわってくることはありませんでした。子どもたちは，クラスメートの実体験を時間の許す限り聞きたかったのでしょう。ひとりの子どもから，次の子どもへと，ボールは順々に手渡されていきました。そして，対話の時間が終わりに近づき，誰も手を挙げていないのを確認して，再び私が手を挙げました。しかし，それでもボールはまわってきませんでした。私にボールを渡すと，p4c の時間が終わってしまうことに，そのときボールを持っていた子どもは気づいていたのかもしれません。

　授業の後，その場にいた教師たちは，子どもたちの対話への欲求を目の当たりにし，震災の経験について語る場をそれまでにつくることができなかったことを悔やんでいました。今からでも遅くないはずだから，語る機会をつくっていきたいと話していました。

　震災の経験について語り合った対話の場では，子どもだけでなく教師も純粋に「対話すること」そのものに価値を見いだしていました。しかしながら，対話へのこうしたまなざしは，教育現場の日常においては置き去りにされがちです。授業に p4c を生かすということになると，どうしても私たち教育者は，ねらいに到達できるか，評価はどうするかといった，授業づくり特有の課題と直面します。その結果，対話そのものに意味を見いだすのではなく，その先のアウトプットで対話の良し悪しを評価するようになります。

　対話の効果を評価することは，教育システムのなかでは当然のことなのですが，だからこそ，ときには立ち止まって，対話することの意味に目を向けることが大切だと，私は考えます。対話への純粋な欲求を忘れ，アウトプットだけで対話の評価をするようになると，対話の時間は教師にとっても，子どもにとってもしんどいものになってしまうからです。

　私は，学校教育に p4c が生かされることで，1人でも多くの子どもに，声を分かち合うこと，共に考えることの楽しさを経験してほしいと願ってい

ます。そのためにも、深めようと焦るのではなく、他者そして自分の声にじっくりと耳を傾け、考えや疑問を受けとめながら、言葉の海をゆっくりと泳いでほしい……探究という思考の冒険は、さまざまな見方に注意を向けることから自然と始まるはずです。p4cをきっかけに、教師と子どもに共に豊かな対話の経験を積み重ねていってほしいと思います。

　最後になりましたが、本書を執筆するにあたり、多くのみなさまにご支援いただきました。まず、私のp4cの師匠であるDr. J、ならびに学生の頃から共にこの教育の可能性を追求してきたハワイ大学上廣哲学倫理教育アカデミーの仲間たちに感謝の意を表します。彼らとの出会いがなければ、日本とハワイの学校をつなぎながら、p4cに取り組むコラボレーションの輪を築くことはできませんでした。また、宮城教育大学の野澤令照先生は、p4cの実践を見てすぐに「この教育には何かがある」と確信し、宮城県の教育現場での展開を中心となって進めてくださいました。県内の多くの校長先生に協力を呼びかけ、p4cの展開可能性を共に考えてくださいました。2015年に、宮城教育大学には上廣倫理教育アカデミーが設立され、経験豊富な教員OBの方々が、p4c実践のサポートに従事してくださっています。元教師の深い洞察にもとづいた助言があってこそ、授業でどのようにp4cを生かすかということについて、議論が深まっていきました。本書のなかでは一部しか紹介できませんでしたが、教育現場では、試行錯誤しながらp4cの対話に取り組む数多くの先生たちがいます。本書は、そうした現場の先生たちとの対話によって生まれました。ありがとうございました。

　そしてなにより、ハワイのp4cを日本の学校に紹介するという夢が現実となったのは、この教育に大きな可能性を期待して、支援を続けてくださった公益財団法人上廣倫理財団のみなさまのおかげです。心より感謝申し上げます。

　最後に、私の思いを汲み取りながら、本書を出版まで導いてくださった明治図書の茅野現さん、適切なご助言、ありがとうございました。

参考文献

・カーソン，レイチェル　1996『センス・オブ・ワンダー』上遠恵子訳，新潮社

・キャム，フィリップ　2015『共に考える：小学校の授業のための哲学的探求』桝形公也監訳，萌書房

・シュライヒャー，アンドレアス　2019『教育のワールドクラス：21世紀の学校システムをつくる』鈴木寛・秋田喜代美監訳，明石書店

・高橋綾・本間直樹　2018『こどものてつがく：ケアと幸せのための対話』鷲田清一監修，大阪大学出版会

・田中伸　2018「授業開発論」『学校管理職養成講座：スクールリーダー育成のための12講』篠原清昭監修，ミネルヴァ書房

・田中伸　2019「教師による主体的・自律的なカリキュラムの創造が導く民主主義的学校の構築」『平成30年版　学習指導要領改訂のポイント　高等学校　地理歴史・公民』原田智仁編著，明治図書

・土屋陽介　2019『僕らの世界を作りかえる哲学の授業』青春出版社

・デューイ，ジョン　1998『学校と社会・子どもとカリキュラム』市村尚久訳，講談社学術文庫

・野矢茂樹　2004『はじめて考えるときのように：「わかる」ための哲学的道案内』PHP 文庫

・ボルノー，O.F　1978『問いへの教育：増補版』森田孝・大塚恵一訳編，川島書店

・リップマン，マシュー　2014『探求の共同体：考えるための教室』河野哲也・土屋陽介・村瀬智之監訳，玉川大学出版部

· Bohm, David. 2004. On Dialogue. New York: Routledge.
· Costa, Arthur L. 2000. "Describing the Habits of Mind." In Discovering and Exploring Habits of Mind, edited by Arthur L. Costa and Bena Kallick. Virginia: Association for Supervision and Curriculum Development.
· Isaacs, William. Dialogue and The Art of Thinking Together: A Pioneering Approach to Communicating in Business and in Life. New York: Doubleday.
· Jackson, Thomas. 2013. "Philosophical Rules of Engagement." In Philosophy in Schools: An Introduction for Philosophers and Teachers, edited by Sara Goering, Nicholas J. Shudak, and Thomas E. Wartenberg, 99-109. New York: Routledge.
· Le Guin, Ursula K. 1985. "She Unnames Them." The New Yorker, January 21: 27.
· Lukey, Benjamin. 2012. "The High School Philosopher in Residence: What Philosophy and Philosophers Can Offer Schools." Educational Perspectives 44 (1&2): 38-42.
· Lukey, Benjamin. 2013. "A p4c Experiment: The High School Philosopher in Residence." In Philosophy in Schools: An Introduction for Philosophers and Teachers, edited by Sara Goering, Nicholas J. Shudak, and Thomas E. Wartenberg, 42-55. New York: Routledge.
· Makaiau, Amber S. 2008. "Philosophy for Children and Ethnic Studies at Kailua High School: A Phenomenological Study." Unpublished manuscript.

· Makaiau, Amber S. and Glassco, Kehau. 2009. Kailua High School Ethnic Studies and Philosophy Student Workbook.

· Matthews, Gareth B. 1994. The Philosophy of Childhood. Cambridge, Massachusetts: Harvard University of Press.

· Miller, Chad. 2005. The Impact of Philosophy for Children in a High School English Class. In Creative Engagements: Thinking with Children, edited by D. Sheppard, 81-86. Oxford: Inter-Disciplinary Press.

· Naji, Saeed. 2005. "An Interview with Matthew Lipman." Thinking: The Journal of Philosophy for Children 17(4): 23-29.

· Peirce, Charles S. 1877. "The Fixation of Belief." Popular Science Monthly 12, 1-15.

· Segal, Judith W. and Chipman, Suzan F. 1984. "Thinking and Learning Skills: The Contributions of NIE." Educational Leadership, September 1984: 85-87.

· Splitter, Laurence J. and Sharp, Ann M. 1995. Teaching for Better Thinking: The Classroom Community of Inquiry. Victoria, Australia: The Australian Council for Educational Research Ltd.

· UNESCO. 2007. Philosophy: A School of Freedom. Paris, France: United Nations Educational, Scientific and Cultural Organization, Social and Human Sciences Sector.

【著者紹介】
豊田　光世（とよだ　みつよ）
1975年生まれ。新潟大学佐渡自然共生科学センター准教授。博士（学術）。兵庫県立大学環境人間学部講師，東京工業大学グローバルリーダー教育院特任准教授を経て，2015年9月より現職。
ハワイ大学マノア校の哲学部修士課程に在籍していた2004年，p4c と出会う。以後，日本の教育現場や地域社会において豊かな対話と探究を展開するための教育実践と研究に従事。2013年から宮城教育大学との連携で，宮城県内の学校で p4c を生かした公教育のモデルづくりを展開。宮城県での成果をもとに，新潟県佐渡市，兵庫県姫路市などでも p4c の可能性を追求している。

〈イラスト〉今泉幸子

p4c の授業デザイン
共に考える探究と対話の時間のつくり方

2020年4月初版第1刷刊 ©著　者	豊　田　光　世	
発行者	藤　原　光　政	
発行所	明治図書出版株式会社	

http://www.meijitosho.co.jp
（企画）茅野　現　（校正）嵯峨裕子
〒114-0023　東京都北区滝野川7-46-1
振替00160-5-151318　電話03(5907)6702
ご注文窓口　電話03(5907)6668

＊検印省略　　　組版所 株式会社木元省美堂

本書の無断コピーは，著作権・出版権にふれます。ご注意ください。

Printed in Japan　　ISBN978-4-18-100823-9
もれなくクーポンがもらえる！読者アンケートはこちらから
→